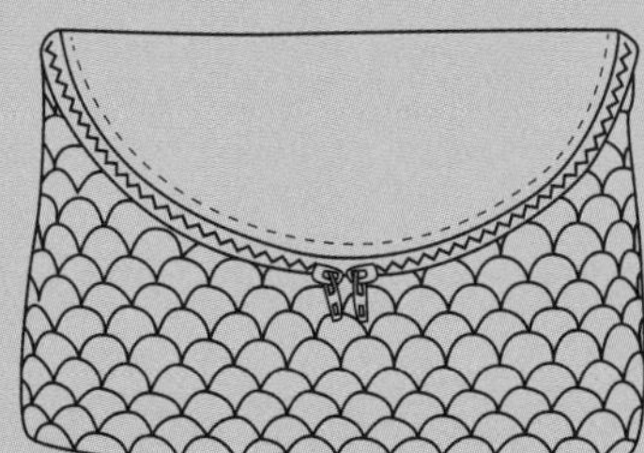

1 Frau
16 TASCHEN

FRAU FADENSCHEIN

1 Frau 16 TASCHEN

PRAKTISCHE MUST-HAVES FÜR JEDE GELEGENHEIT NÄHEN

EMF

EIN BUCH DER
EDITION MICHAEL FISCHER

INHALTSVERZEICHNIS

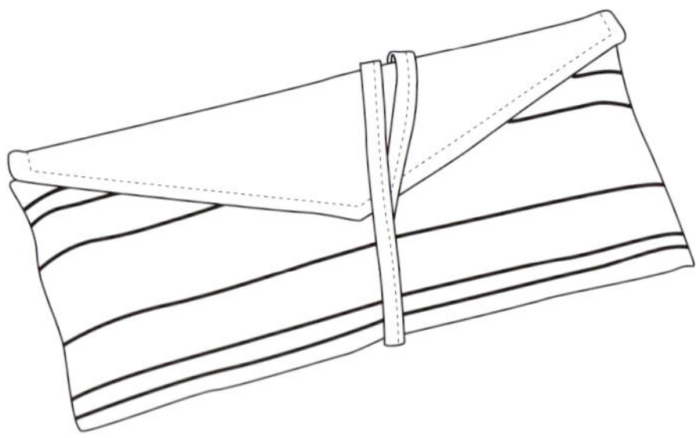

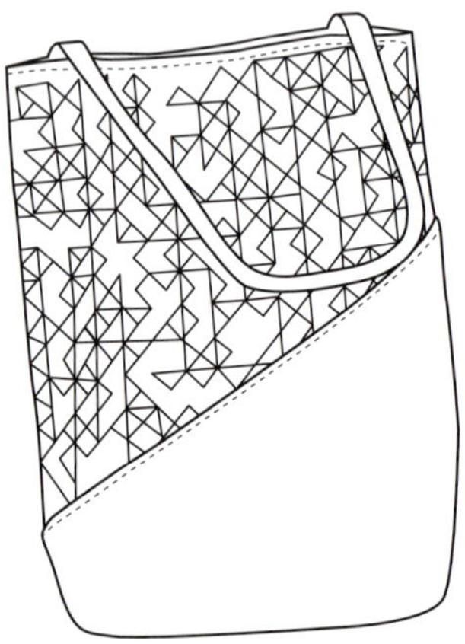

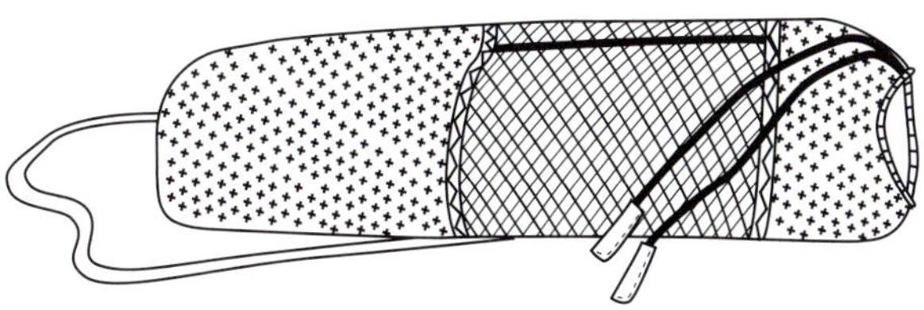

VORWORT

Liebe Leserin,

ich freue mich, dass du mein erstes Nähbuch in den Händen hältst! Es ist ja kein Geheimnis, dass wir Frauen absolute Taschen-Fans sind. Umso schöner, dass ich dir in diesem Buch zeigen kann, wie du stylische und zugleich funktionale Taschen selbst nähen kannst. Von der eleganten Handtasche zum Ausgehen bis hin zur sportlichen Yogamatten-Tasche – hier findest du Taschenmodelle für verschiedene Einsatzbereiche im Alltag.

Besonders spannend finde ich es, verschiedene Materialien zu kombinieren. So kommen bei den Nähprojekten auf den folgenden Seiten Kunstleder, SnapPap, Korkstoff und noch viel mehr zum Einsatz. Mit ausführlichen Schritt-für-Schritt-Anleitungen nähst du deine neue Lieblingstasche erfolgreich und ganz ohne Frust nach. Du wirst sehen, wie toll es ist, ein absolutes Unikat in den Händen zu halten!

Viel Freude beim Nähen wünscht dir
Claudia alias Frau Fadenschein

Claudia Günther

frau fadenschein

GRUNDLAGEN

Textilien

Für die Taschen in diesem Buch werden verschiedene Textilien und Materialien miteinander kombiniert, um spannende Effekte zu erzeugen.

BAUMWOLLSTOFFE:
Gewebte Baumwollstoffe gibt es in Hülle und Fülle – sei es ganz schlicht als einfarbige Stoffe oder bunt gemusterte Patchworkstoffe. Oft werden von Stoffdesignern zusammenpassende Stoffe als eine Serie angeboten, die zum Kombinieren einlädt. Diese Stoffe eignen sich sowohl als Außen- als auch als Futterstoffe der Taschen. Deiner Fantasie sind hier keine Grenzen gesetzt. (Abb. 1) Damit deine Tasche später einen guten Stand hat, sollten diese Stoffe mit Vlieseinlage verstärkt werden. Welche Einlage du am besten verwendest, entnimmst du der Materialliste des entsprechenden Taschenprojekts.

CANVAS:
Canvasstoffe sind fester gewebt als normale Baumwollstoffe und damit sehr robust. Sie eignen sich also perfekt für Taschen, die täglich im Einsatz sind oder stark beansprucht werden. Da sie auch dicker sind, haben sie von Natur aus einen guten Stand und müssen oftmals nicht extra mit Vlieseinlage verstärkt werden. (Abb. 1)

KUNSTLEDER:
Lederimitate besitzen als Grundlage ein Gewebe, welches mit Kunststoffen beschichtet wird und durch eine Prägung ihr typisches, lederähnliches Aussehen erhalten. Kunstleder gibt es in verschiedenen Stärken, welche sich auf die Eigenschaften des Materials auswirken. Dünne Kunstleder sind oft weich und geschmeidig, dickere hingegen robust und starr. (Abb. 2) Für Taschen eignen sich eher weichere, unelastische Lederimitate. Genäht wird Kunstleder mit einer 80er- oder 90er-Stretch-Nadel, damit das Gewebe nicht zerschnitten wird. Damit dein Nähfüßchen besser über das Kunstleder gleitet, kannst du die Unterseite mit Masking Tape bekleben oder einen Teflon-Nähfuß verwenden. Da Lederimitate aus Kunststoffen bestehen, sind sie nicht hitzebeständig und sollten daher auf keinen Fall gebügelt werden.

1

2

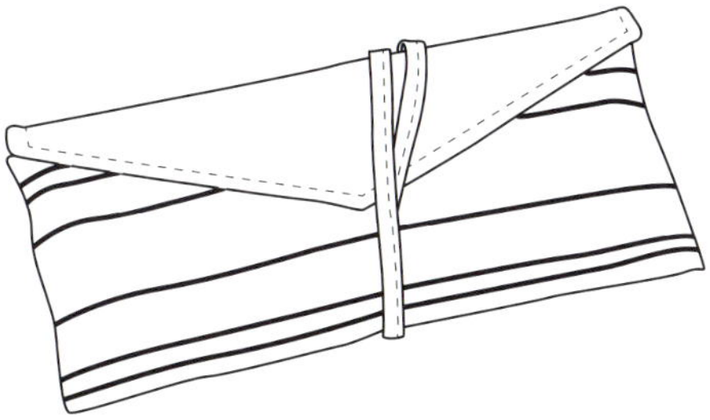

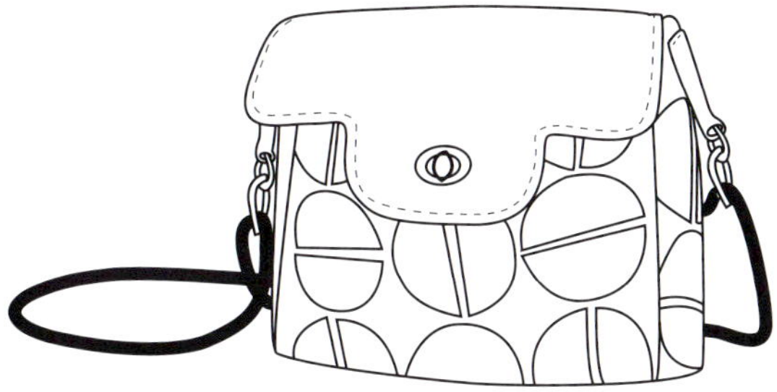

SNAPPAP:
Hierbei handelt es sich um ein Papier in Lederoptik, welches aus einer Papier-Kunststoff-Mischung besteht. Es ist vegan, lebensmittelecht und weder umwelt- noch gesundheitsschädlich. SnapPap kann gewaschen, genäht, geschnitten, geplottet, gefärbt, beklebt oder bestempelt werden. Deiner Fantasie sind keine Grenzen gesetzt! Durch Zerknautschen und/oder Waschen entsteht die Lederoptik des Materials. SnapPap plus ist maschinell vorgeknautscht und dadurch weicher. Es lässt sich hervorragend wenden und ist ideal für Taschen geeignet. (Abb. 3)

3

BESCHICHTETE BAUMWOLLSTOFFE:
Bei diesen Stoffen wird die gemusterte Oberseite mit einer Vinylschicht überzogen und so wasserfest gemacht. Diese laminierten Stoffe sind oft weicher und flexibler als herkömmliches Wachstuch und so für den Einsatz bei Taschen besser geeignet. (Abb. 4) Auch hier solltest du dein Nähfüßchen mit Masking Tape versehen oder ein Teflonfüßchen verwenden.

4

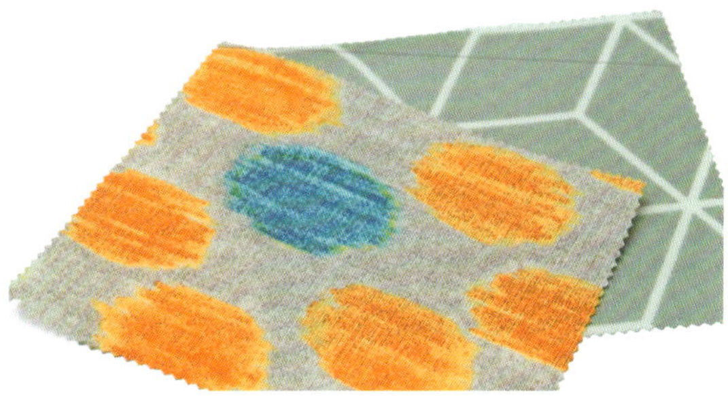

KORKSTOFF:
Der nachwachsende Rohstoff ist sehr vielseitig einsetzbar und hat tolle Eigenschaften. Kork ist z. B. schwer entflammbar, wirkt isolierend und ist unempfindlich gegenüber Feuchtigkeit. Korkstoff gibt es in verschiedenen Farben und er wird nachhaltig produziert. Der Kork wird in die gewünschte Stärke geschnitten und mittels eines Klebstoffs auf ein Trägermaterial aufgebracht. Du kannst ihn in deinem Nähprojekt genauso einsetzen wie Kunstleder. Verwende einen Teflon-Nähfuß. Da Lederimitate aus Kunststoffen bestehen, sind sie nicht hitzebeständig und sollten daher nicht gebügelt werden.

5

VLIESEINLAGEN:

Damit Taschen später einen guten Stand haben und stabil sind, müssen die Stoffe vor dem Nähen oft mit einer Vlieseinlage verstärkt werden. Die Wahl der Vlieseinlage hängt meist von der Materialdicke, dem Verwendungszweck und dem eigenen Empfinden ab. Bei den Taschenprojekten im Buch werden die gängigsten Vlieseinlagen verwendet. Diese Vlieseinlagen besitzen eine Rückseite mit Kleber und werden auf die linke Stoffseite aufgebügelt. Die Anweisungen zum Bügeln sind auf die Seitenkante des Vlieses aufgedruckt. Diese Vlieseinlagen werden häufig bei Taschen eingesetzt und können daher auch gut auf Vorrat gekauft werden:

Vlieseline H200: Leichte Vlieseinlage zum Verstärken

Vlieseline H250: Stärkere Vlieseinlage für größere Stabilität

Vlieseline H630: Volumenvlies, das der Tasche einen guten Griff verleiht

ByAnnies Soft & Stable/Freudenberg Style-Vil: Als Polsterung und für einen festen Stand.

TIPP

Soft & Stable bzw. Style-Vil bestehen aus einem dünnen Schaumstoff, der von beiden Seiten mit einer Vliesschicht bezogen ist. Die Einlage wird etwa 1 cm umlaufend größer als die Schnittteile zugeschnitten und dann knappkantig aufgenäht. Mit dieser Einlage bekommen Taschen einen sehr festen Stand und sind außerdem gut gepolstert.

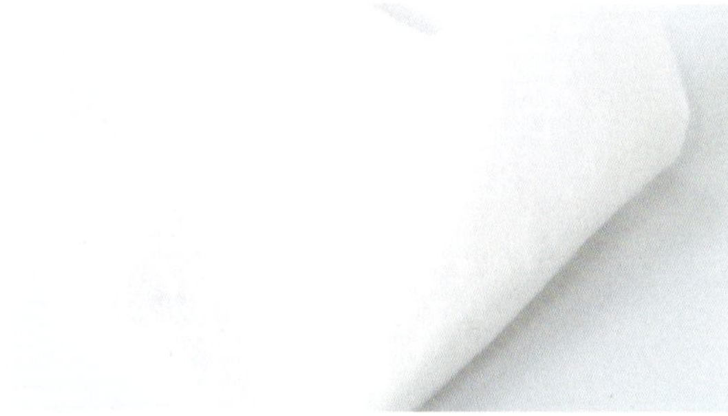

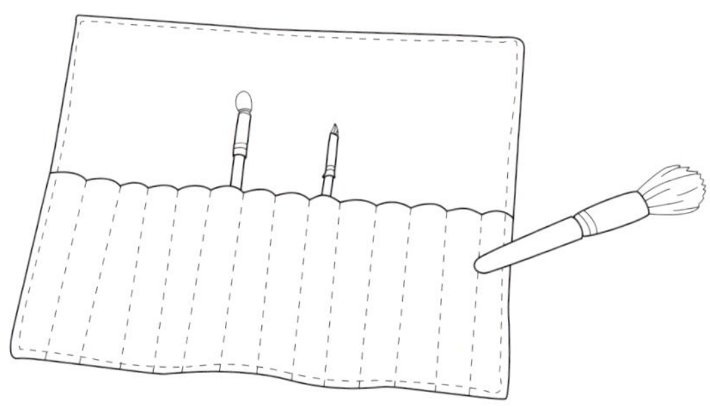

Kurzwaren

Neben den klassischen Kurzwaren wie Garn, Bändern und Knöpfen können Taschen besonders mit verschiedenen Verschlüssen dekoriert werden.

VERSCHLÜSSE:
Um Taschen zu verschließen, gibt es vielfältige Möglichkeiten. Sehr gut geeignet und leicht anzubringen sind z. B. Magnet- und Drehverschlüsse sowie Steckschlösser und -schließen, die es in vielen verschiedenen Ausführungen gibt.

1

RINGE UND KARABINER:
Um Trageriemen zu befestigen und in der Länge zu verstellen, gibt es verschiedene Arten von Karabinern, D-Ringen, Regulierern und Steckverschlüssen in vielen Farben und Metalllegierungen.

2

KAM SNAPS:
Hierbei handelt es sich um Plastikdruckknöpfe, die es in vielen verschiedenen Farben und auch Formen gibt. Mit ihnen kannst du Taschenklappen, Innentaschen und noch viel mehr versehen – und das immer in der passenden Farbe zum Stoff.

3

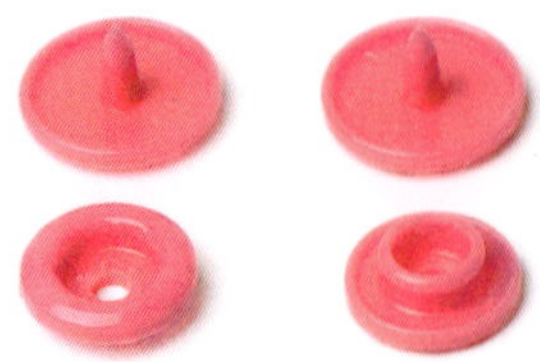

Taschengriffe und Trageriemen

... machen einen Beutel erst zu einer richtigen Tasche. Vom Henkel bis zum Gurtband, hier entscheidest du über den Stil und die Anmutung deines Lieblingsaccessoires.

HENKEL:
Es gibt bereits sehr schöne fertige Taschenhenkel in verschiedenen Farben zu kaufen. Diese werden von Hand an die Tasche angenäht, wie z. B. beim Shopper Kristi auf Seite 120.

4

GURTBAND:
Taschengriffe, Trageriemen, Schlaufen etc. lassen sich sehr gut aus Gurtband herstellen. Hier hast du die Wahl zwischen Gurtband aus Polyester und Baumwolle in verschiedenen Breiten. Die Enden von Polyester-Gurtbändern sollten vor der Weiterverarbeitung mit einem Feuerzeug versiegelt, die von Baumwollgurtband mit einem Zickzackstich versäubert werden.

5

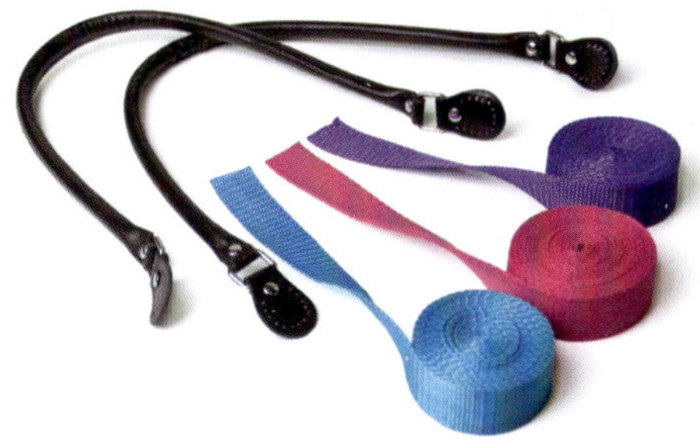

TIPP

Schöne Kurzwaren und Verschlüsse gibt es z. B. bei Snaply oder Prym. Du kannst aber auch Ringe, Karabiner und zum Teil auch Verschlüsse wunderbar von alten oder aussortierten Taschen recyclen!

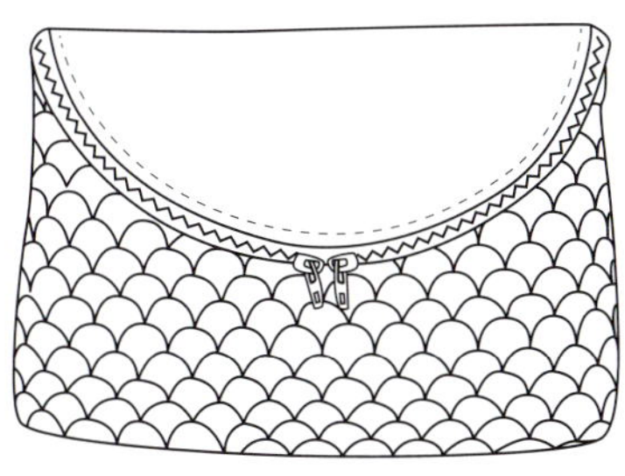

Werkzeug

Eine alte Nähweisheit lautet: „Gut gebügelt ist halb genäht“. Daher ist das Bügeleisen neben der Nähmaschine eines der wichtigsten Werkzeuge beim Nähen. Doch viele weitere kleine und große Helfer machen das Zuschneiden und Nähen einfacher!

LEGENDE

1. Reißverschlussfüßchen
2. Universalfüßchen
3. Nähmaschinennadeln (Universal, Stretch)
4. Rollschneider
5. Schneidematte für Rollschneider
6. Patchworklineal zum Schneiden mit Rollschneider
7. Doppelseitiges Klebeband (Wonder Tape)
8. Papier zum Übertragen des Schnittmusters (Backpapier, Transparentpapier auf Rolle, Seidenpapier)
9. Handarbeitsschere
10. Fadentrenner
11. Fadenschere
12. Stäbchen (als Wendehilfe, zum Ausformen von Ecken und Rundungen)
13. Stoffschere
14. Maßband
15. Handmaß
16. Mini-Bügeleisen
17. Dampfbügeleisen
18. Kam-Snap-Zange
19. Vario-Zange
20. Schnittmusterbeschwerer (zum Fixieren des Schnittteils auf dem Stoff)
21. Stecknadeln
22. Clips
23. Wasserlöslicher Markierstift
24. Kreiderad
25. Kreidestifte
26. Masking Tape

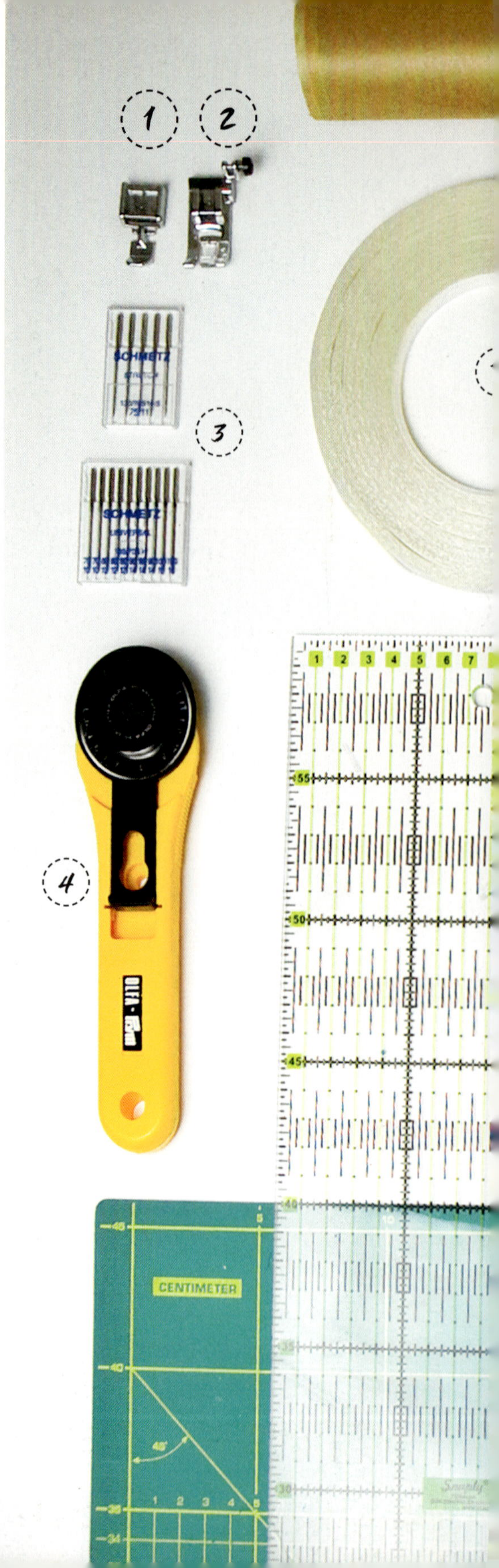

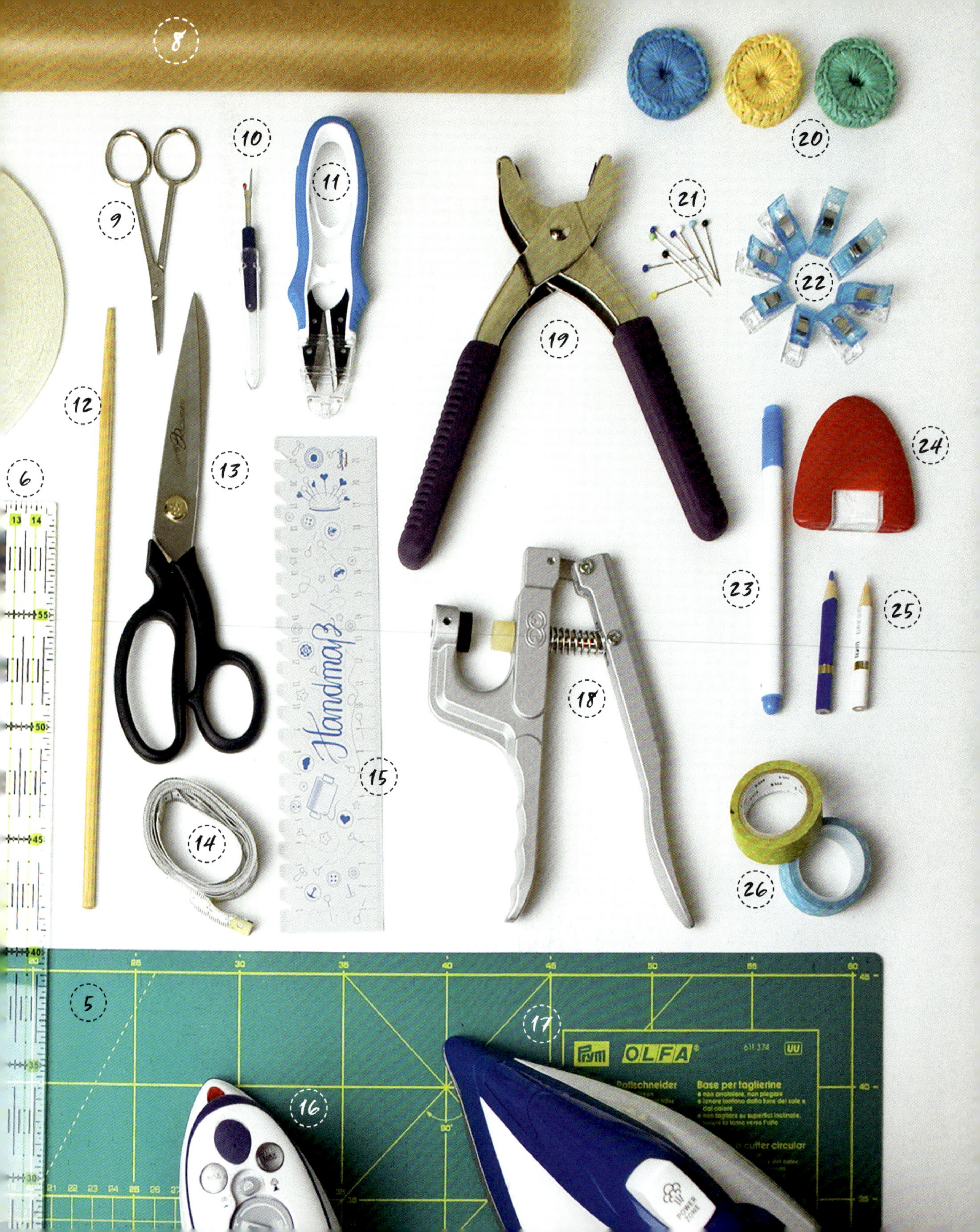
8
20
9
10
11
21
22
19
12
24
6
13
15
23
25
18
Handmaß
14
26
5
17
16
Prym
OLFA
611 374
Rollschneider
Base per taglierine
cutter circular
POWER ZONE

GRUNDTECHNIKEN

Jeder fängt mal klein an. Damit dir die folgenden Projekte federleicht gelingen, findest du hier eine Übersicht häufig verwendeter Grundtechniken, die du nicht nur für das Taschen-Nähen gebrauchen kannst. Und vergiss nicht: Übung macht den Meister!

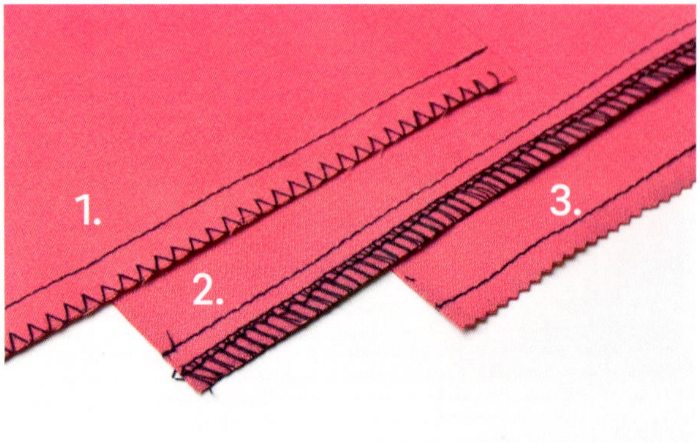

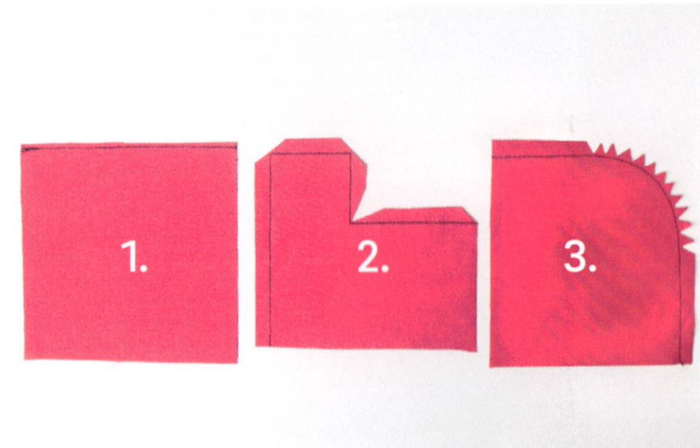

VERSÄUBERN

1. Stoffe können auf unterschiedliche Arten versäubert werden. Die gängigste Variante ist der Zickzackstich. Dabei wird die zu versäubernde Stoffkante so unter die Nadel gelegt, dass sie bei einem Stich in den Stoff und bei dem anderen Stich ins Leere sticht. So wird ein Ausfransen des Stoffs verhindert.

2. Wenn du eine Overlocknähmaschine besitzt, kannst du deine Zuschnitte auch damit versäubern. Stelle hier den Differenzialtransport auf 1.

3. Die dritte Möglichkeit, Stoffe zu versäubern, ist, die Nahtzugaben mit einer Zackenschere zurückzuschneiden.

NAHTZUGABEN ZURÜCK- UND EINSCHNEIDEN

1. Damit Genähtes nach dem Wenden in Form kommt, kann es hilfreich sein, die Nahtzugaben zurück- bzw. einzuschneiden. Beim Zurückschneiden wird die Nahtzugabe einfach auf 3 bis 5 mm vor die Naht gekürzt.

2. Bei Ecken sollten die Nahtzugaben abgeschrägt oder V-förmig eingeschnitten werden.

3. Rundungen werden ebenfalls V-förmig gleichmäßig über die Rundung verteilt eingeschnitten. Nach dem Wenden sollten z. B. Ecken oder Rundungen zusätzlich mit einem Stäbchen ausgeformt und gebügelt werden.

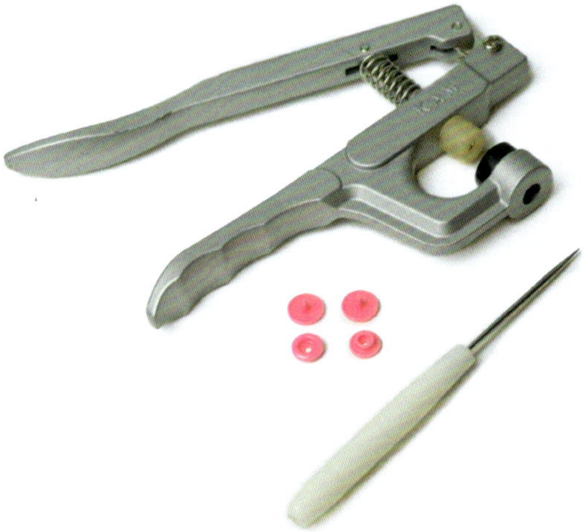

1

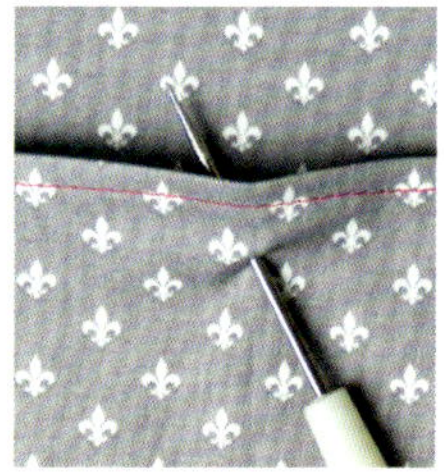

2

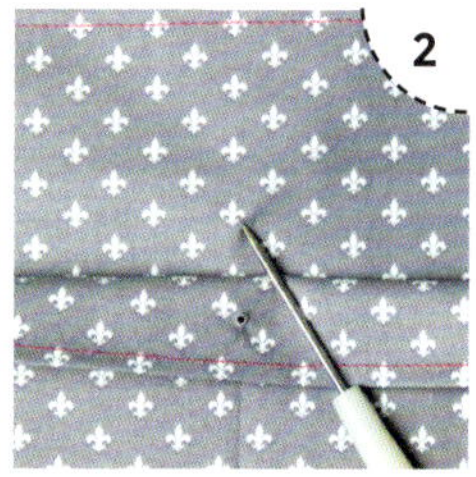

3

4

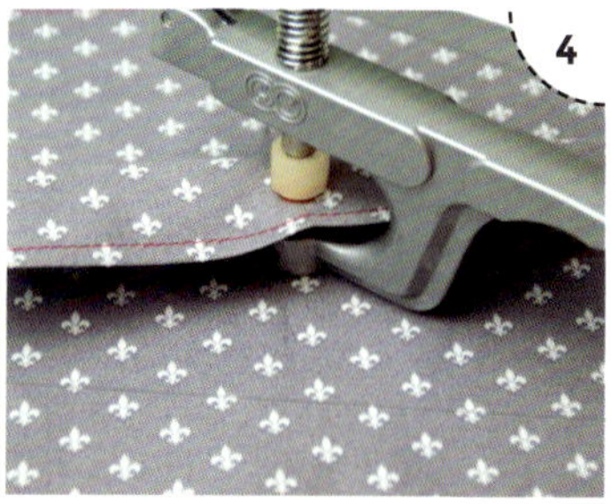

5

6

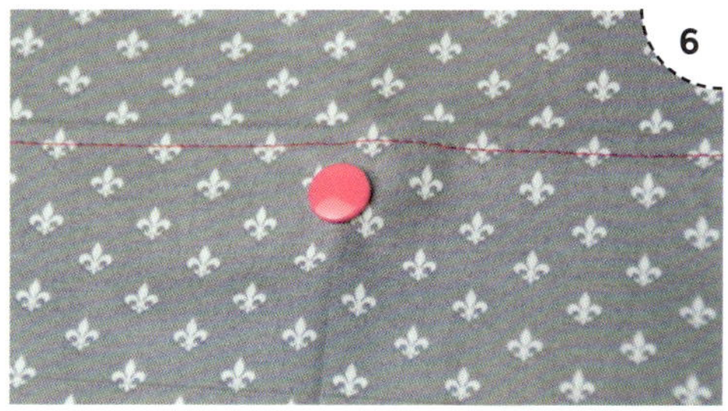

KAM SNAPS ANBRINGEN

1. Um Kam Snaps ordentlich anzubringen, benötigst du neben den Kam Snaps – bestehend aus zwei Caps (runder Kopf, spitzer Stiel), einem Stud (geriffelte Rückseite, Ausstülpung auf der Vorderseite) und einem Socket (Vertiefung, Gegenstück des Studs) an sich – eine Kam-Snap-Zange und eine Ahle.

2. Markiere dir die Position für den Kam Snap und durchstich mit der Ahle alle Stofflagen. In diesem Beispiel bei einem Innenfach wird jeweils ein Loch in das Innenfach und die Innentasche gestochen.

3. Stecke nun den Cap von der Vorderseite der Innentasche durch das Loch. Auf den spitzen Stiel, der im Inneren des Steckfachs liegt, steckst du den Stud mit der geriffelten Seite nach unten.

4. Lege nun den Kam Snap in die Zange ein: Der Cap liegt auf der gewölbten, schwarzen Fläche auf, der flexible Gummiteil liegt über dem Stud. Der Cap muss genau in der schwarzen Wölbung liegen. Drücke nun die Zange mit mittlerem Druck zusammen. Entfernst du die Zange, siehst du, dass die Spitze des Caps breit gedrückt wurde.

5. Bringe nun das Gegenstück, den Socket, an die Innentasche an. Dafür steckst du den Cap von der linken zur rechten Stoffseite durch das Loch und positionierst den Socket mit der Vertiefung nach oben auf den Stiel. Lege nun die beiden Teile wie zuvor in die Zange und drücke diese zusammen.

6. Nun ist der Druckknopf fertig angebracht und du kannst ihn schließen.

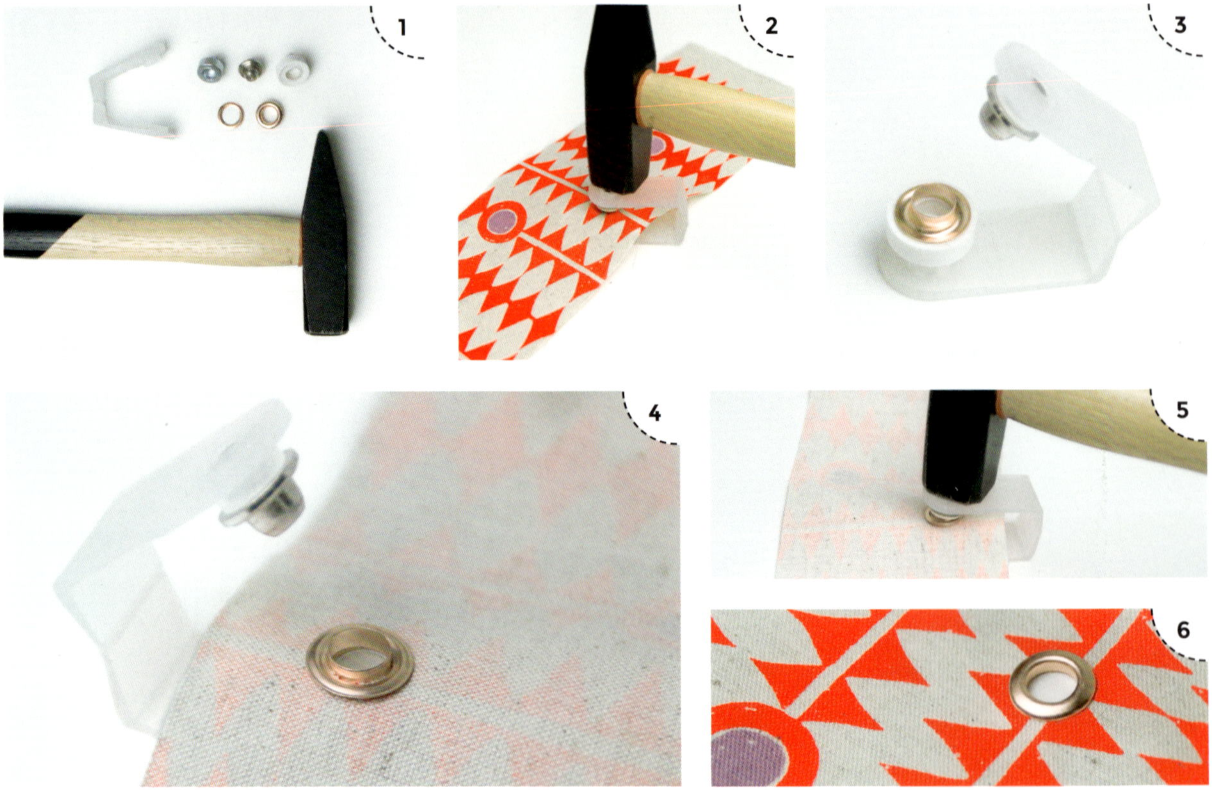

ÖSEN ANBRINGEN

1. Zum Anbringen der Ösen benötigst du das Ösen-Werkzeug, das der Verpackung beiliegt, Ösen deiner Wahl und einen Hammer. Oft ist es hilfreich, den Stoff vor dem Anbringen der Ösen auf der linken Stoffseite mit Vlieseinlage zu verstärken.

2. Bringe das Stanzwerkzeug an den Werkzeughalter an. Markiere den Stoff an der Stelle, wo die Öse angebracht werden soll. Stanze mit dem Werkzeug an die markierte Stelle ein Loch. Halte dafür das Werkzeug gut fest und schlage kräftig 2- bis 3-mal mit dem Hammer auf die vordere Werkzeugseite.

3. Setze nun anstelle des Stanzwerkzeugs die Ösenaufnahme aus Kunststoff ein und lege auf diese die Öse mit dem Niethals nach oben.

4. Lege die gestanzte Stofflage darüber. Der Niethals wird dabei durch das Loch gesteckt und darauf wird das Plättchen mit der erhabenen Wölbung nach oben gelegt.

5. Halte das Werkzeug gut fest und schlage kräftig 2- bis 3-mal mit dem Hammer auf die vordere Werkzeugseite.

6. Nun ist die Öse fertig angebracht und du kannst Kordeln, Haken oder Karabiner einsetzen.

TIPP

Ösen können natürlich auch mit der Vario-Zange und dem der Verpackung beiliegenden Werkzeug angebracht werden.

1

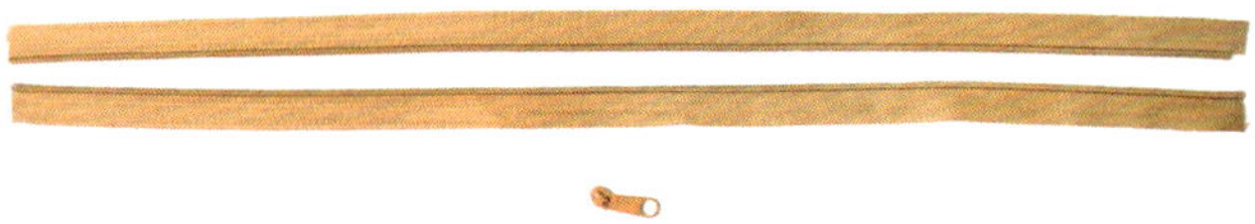

2

3

4

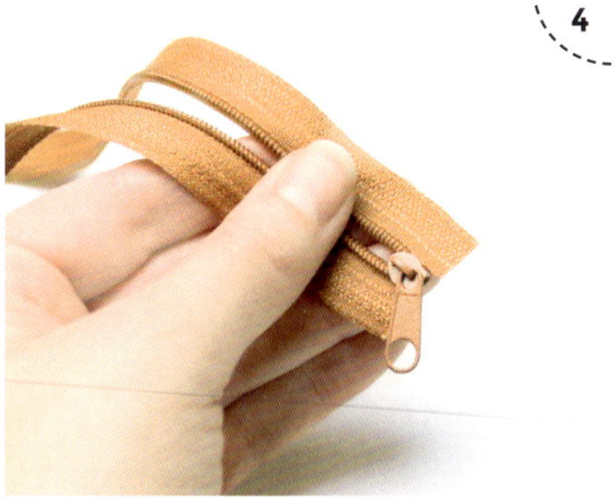

5

6

ENDLOSREISSVERSCHLUSS VORBEREITEN

1. Wenn du einen Endlosreißverschluss für dein Taschenprojekt verwendest, musst du zunächst den Schieber auffädeln. Schneide deinen Reißverschluss etwas größer zu als angegeben. Öffne den Endlosreißverschluss zunächst, sodass du zwei Teile vor dir liegen hast.

2. Schneide vom rechten (auf dem Bild von Schritt 1 oberen) Teil ein paar Millimeter der Zähnchen heraus.

3. Fädle den Schieber auf den linken Teil des Reißverschlusses.

4. Nun setzt du den rechten Teil des Reißverschlusses mit den ausgeschnittenen Zähnchen an den Schieber, hältst beide Enden fest und ziehst den Schieber vorsichtig nach vorne. Das ist der kniffligste Teil.

5. Verriegle nun noch beide Enden des Reißverschlusses, indem du einige Male quer über die Reißverschlussraupe nähst. Damit kann der Schieber nicht aus Versehen ausgefädelt werden. Das Nähen mit der Nähmaschine funktioniert nur bei Plastikzähnchen. Wenn dein Reißverschluss Metallzähnchen hat, solltest du die Raupe mit ein paar Handstichen verriegeln.

6. Schneide deinen aufgefädelten Reißverschluss nun auf das richtige Maß zu.

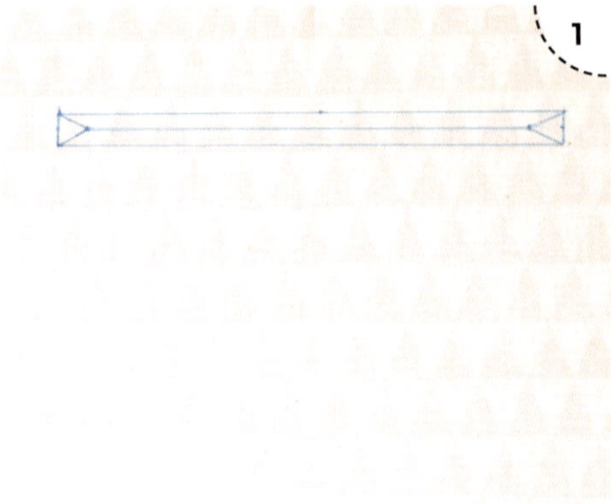

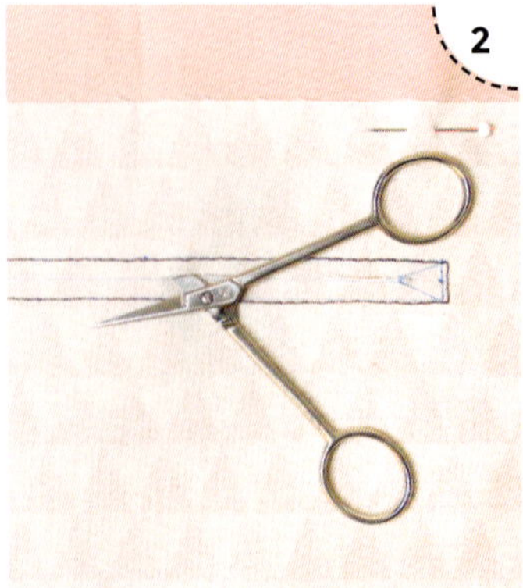

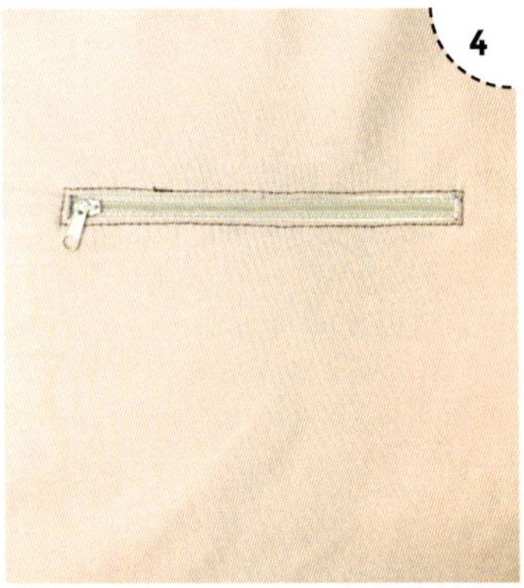

REISSVERSCHLUSSFACH EINNÄHEN

1. Lege ein Schnittteil des Reißverschlussfachs mittig und 3 cm von oben rechts auf rechts auf ein Futterstofftaschenteil, fixiere es. Markiere dir mittels der jeweiligen Reißverschlussschablone die Position des Reißverschlusses mittig und 2 cm vom oberen Rand entfernt. Übertrage alle auf der Schablone eingezeichneten Linien. Nun nähst du entlang des äußeren Rechtecks einmal rundherum. Die innere Linie und die Dreiecke bleiben ungenäht.

2. Schneide jetzt mit einer kleinen Schere den Stoff durch beide Lagen entlang der eingezeichneten Mittellinie im Rechteck auf. An den Seiten bei den Dreiecken schneidest du bis kurz vor den Rand des Rechtecks ein. Achte darauf, nicht in die Naht zu schneiden.

3. Stecke nun die obere Stofflage (Reißverschlussfach) durch die Öffnung hindurch und bügle die entstandene Öffnung an den Kanten.

4. Lege den Reißverschluss hinter die Öffnung und fixiere ihn mit ein paar Nadeln oder doppelseitigem Klebeband. Der Schieber muss innerhalb der Öffnung sein. Nähe den Reißverschluss von der Vorderseite der Öffnung knappkantig ringsherum fest. Verwende dafür das Reißverschlussfüßchen. Beim Schieber angekommen, versenke die Nadel, hebe das Nähfüßchen an und ziehe den Schieber an diesem vorbei. Nun weiternähen. Auf der anderen Seite verfährst du genauso wie gerade beschrieben. Überstehende Reißverschlussenden auf der Rückseite abschneiden.

5. Drehe das fertig genähte Innentaschenteil mit dem Reißverschluss auf die linke Seite. Nun legst du das zweite Schnittteil des Reißverschlussfachs rechts auf rechts darauf und steckst es mit Nadeln fest.

6. Nähe nur die beiden Reißverschlussfach-Teile mit 1 cm Nahtzugabe zusammen. Achte darauf, dass du sie nicht an der Innentasche festnähst.

1

2

3

4

5

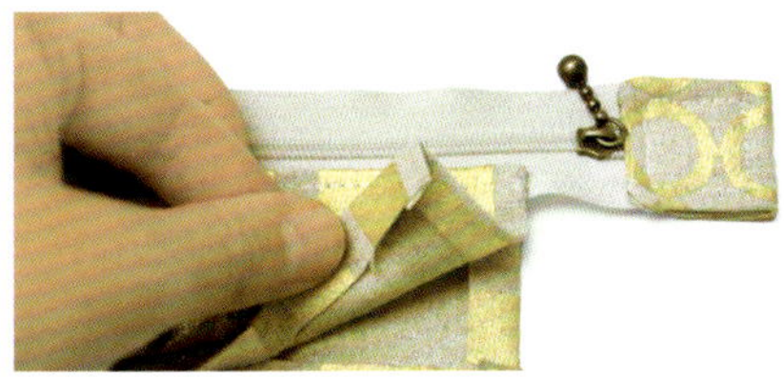

6

REISSVERSCHLUSSBLENDE NÄHEN

1. Jeweils 2 der 4 Reißverschluss-Endstücke rechts auf rechts aufeinanderstecken. Ringsum bis auf eine Wendeöffnung mit 1cm Nahtzugabe zusammennähen. Die Ecken kappen und die Nahtzugabe auf ca. 3mm zurückschneiden (die Wendeöffnung wird ausgespart). Wende die Endstücke mithilfe eines Stäbchens und forme die Ecken aus. Die Nahtzugabe der Wendeöffnung verstecken und bügeln.

2. Nun die Endstücke um die Reißverschlussenden legen und ringsherum festnähen. Der Reißverschluss liegt dabei zwischen den Stofflagen und wird eingefasst.

3. Lege einen Blendenzuschnitt mit der rechten Stoffseite nach oben vor dich hin. An die obere Kante bündig den Reißverschluss links auf rechts anlegen. Die Reißverschlussraupe mit dem Schieber schaut nach oben. Nun den zweiten Blendenzuschnitt bündig und rechts auf rechts auf den Reißverschluss stecken. Nähe alle Stofflagen mit 1cm Nahtzugabe an der oberen Kante zusammen. Beginne und ende dabei 1cm vor den Stoffkanten.

4. Lege die beiden Blendenzuschnitte nun links auf links zusammen und bügle die Kante, an der der Reißverschluss eingefasst wurde. Steppe sie anschließend knappkantig ab. Beginne und ende auch hier 1cm vor den Stoffkanten.

5. Bügle nun alle verbliebenen Nahtzugaben (links, rechts und unten) um 1cm nach innen, fixiere die Stofflagen und nähe alle an den offenen Kanten knappkantig zusammen.

6. Auf der anderen Reißverschlussseite genauso verfahren.

◀◀ TIPP ▶▶

Solltest du dünnere Baumwoll- oder Canvasstoffe verwenden, verstärke die vier Blendenzuschnitte zuvor mit Vlieseline H250.

1

2

STECKFACH NÄHEN UND ANBRINGEN

1. Das Steckfach wie folgt vorbereiten: Links auf links zusammenlegen und die obere Kante knappkantig absteppen. Versäubere die Nahtzugaben der offenen Kanten und bügle sie 1 cm nach innen.

2. Stecke das Fach links auf rechts auf die Innentaschenteile und nähe die seitlichen und unteren Kanten mit eingeklappter Nahtzugabe knappkantig fest.

1

2

3

KORDELSTOPPER NÄHEN

1. Für einen Kordelstopper benötigst du ein Rechteck mit den Maßen 10 x 6 cm. Falte die Nahtzugaben der langen Seiten jeweils 1 cm nach innen, bügle sie und steppe sie knappkantig ab.Falte das Rechteck nun rechts auf rechts zusammen und nähe es an der offenen Kante mit 1 cm Nahtzugabe zusammen.

2. Schneide nun die Nahtzugaben auf etwa 3 mm vor der Naht zurück, bügle die restliche Nahtzugabe auseinander und wende den Kordelstopper.

3. Ziehe den Kordelstopper auf die beiden Kordelenden auf und nähe, je nachdem wie dick deine Kordel ist, zwei Nähte knapp neben den Kordelenden oder eine Naht mittig. Am besten verwendest du dafür das Reißverschlussfüßchen.

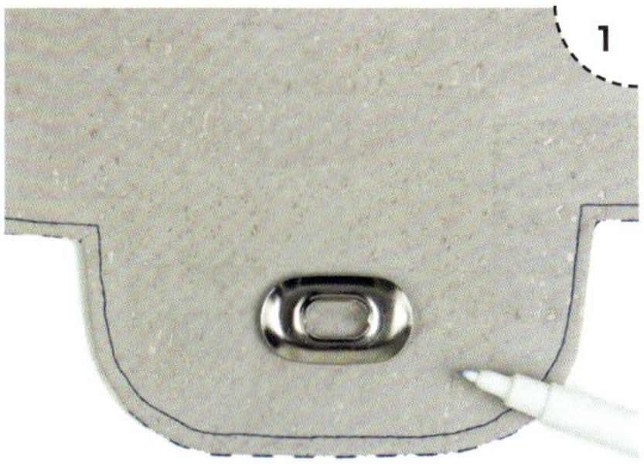

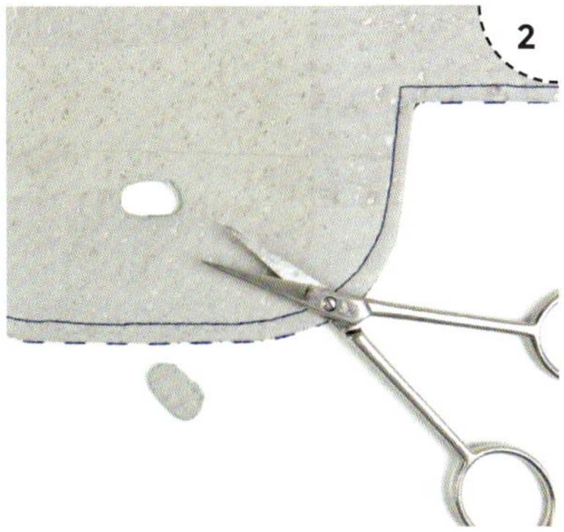

DREHVERSCHLUSS ANBRINGEN

1. Der Drehverschluss besteht aus einer Öse mit Stiften, dem Gegenstück mit Vertiefungen, einem Drehriegel und ein Metallplättchen. Lege die Öse mit den Stiften an die Position auf der Oberseite der Taschenklappe, wo der Verschluss angebracht werden soll, und markiere den Durchmesser des Lochs.

2. Schneide mit einer kleinen Handarbeitsschere das markierte Loch aus. Stecke nun die Öse mit den Stiften von oben durch das Loch hindurch.

3. Nun drehst du die Klappe auf die Innenseite und legst das Gegenstück der Öse mit den beiden Vertiefungen an den Seiten über die Stifte. Biege diese nach außen.

4. Lege die Taschenklappe auf den Taschenkörper, stecke den Drehriegel durch die Öffnung und drücke ihn kurz an. Die Metallstifte haben zwei Abdrücke im Stoff hinterlassen, die du nun vorsichtig schlitzförmig einschneidest. Achte darauf, nur den Oberstoff der Tasche zu durchschneiden.

5. Stecke nun die Stifte des Drehriegels durch die Schlitze im Oberstoff.

6. Auf der Tascheninnenseite schiebst du nun das Metallplättchen auf die Stifte und drückst diese nach innen. Nähe deine Tasche fertig. Dann kannst du sie mit dem Drehverschluss schließen.

◀◀ TIPP ▶▶

Die Stoffe sollten vor dem Anbringen unbedingt mit Vlieseinlage verstärkt werden, damit du lange Freude an dem Verschluss hast.

1

2

3

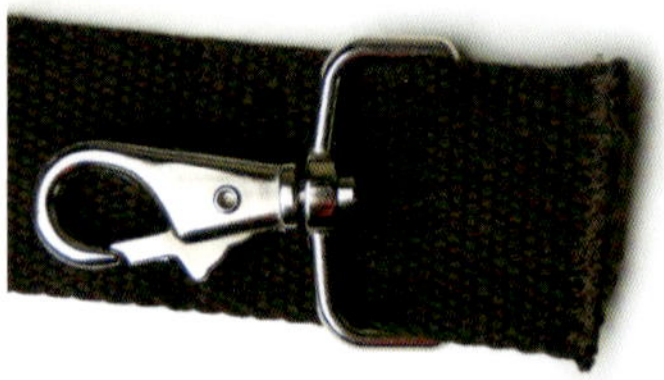

4

5

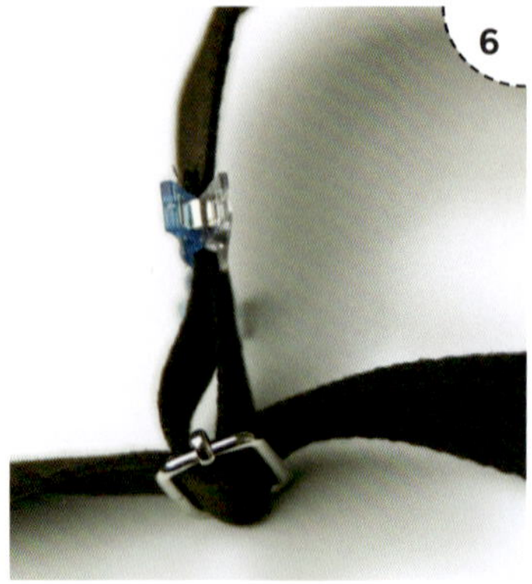

6

VERSTELLBAREN GURT HERSTELLEN

1. Nimm das 140 cm lange Gurtband (natürlich kannst du die Länge auch variieren), versäubere die Enden. Fädle nun das Gurtband 5 cm durch einen Karabiner.

2. Stecke das Ende dort mit einem Clip fest und steppe den umgeklappten Gurt im Quadrat auf. Zum Schluss nähst du nochmal ein Kreuz durch das Quadrat für eine bessere Stabilität. Verwende hier einen Reißverschluss- oder Kantennähfuß. Damit kommst du besonders nah an den Karabiner heran.

3. Nun fädelst du auf die offene Seite des Schultergurtes den Schieber auf und schiebst ihn bis zur Mitte des Gurts. Achte dabei darauf, dass der Gurt nicht verdreht ist.

4. Jetzt schiebst du den Gurt von links nach rechts durch den zweiten Karabiner.

5. Anschließend schiebst du den Gurt von rechts nach links durch die Unterseite des Schiebers, also durch den Riegel, das Mittelteil des Schiebers. Der Karabiner liegt außerhalb der Gurtschlaufe, die nun entstanden ist. Der Gurt schaut ca. 6 cm aus dem Schieber heraus. Klappe das Gurtende nach rechts um.

6. Steppe die offene Kante mit einem Rechteck oder Quadrat auf den Gurt (nur an der inneren Lage des Gurtbandes festnähen). Zum Schluss nähst du noch ein Kreuz durch das Rechteck. Nun musst du nur noch die Karabiner in die Ringe an der Tasche einhängen.

1

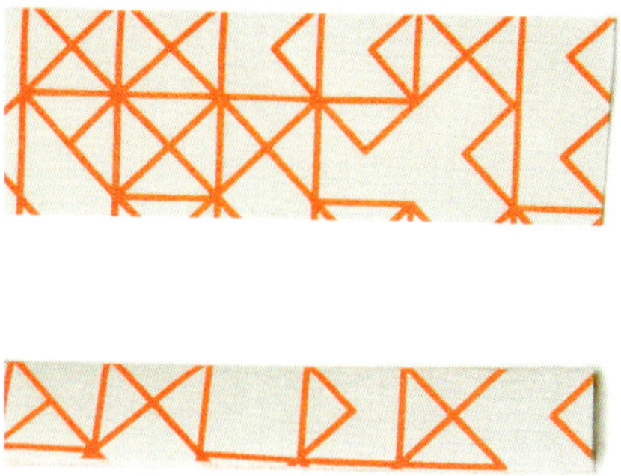

2

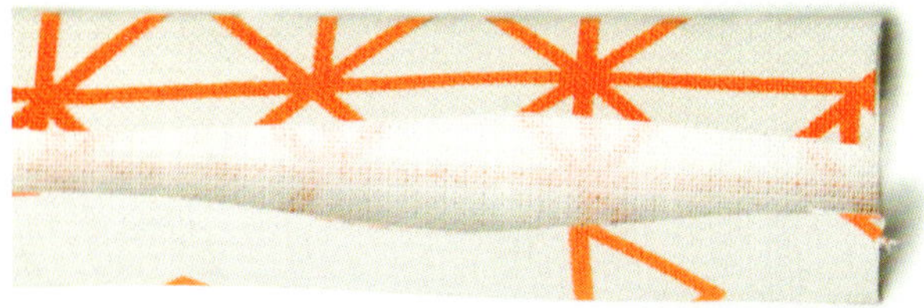

3

4

TRAGERIEMEN NÄHEN

1. Trageriemen lassen sich aus passenden Stoffen wunderbar selbst herstellen. Du benötigst dafür einen Stoffstreifen in der Länge des späteren Trageriemens und eventuell Vlieseinlage zum Verstärken. Schneide dir den Streifen des Trageriemens in besagter Länge und vierfacher Breite zu. Wenn dein Trageriemen am Ende 2,5 cm breit sein soll, schneide den Streifen also 10 cm breit zu. Falte ihn links auf links zusammen und bügle die Kante.

2. Falte den Streifen wieder auseinander und schlage beide Seiten zur Mitte ein. Bügeln.

3. Nun den Streifen noch einmal halbieren und bügeln.

4. Steppe den Streifen noch an der offenen Kante knappkantig ab und, wenn du magst, auch an der Bruchkante. Damit ist der Gurt bereit zur weiteren Verarbeitung.

◀◀ TIPP ▶▶

Besonders griffig wird der Riemen mit Vlieseline H630.

1

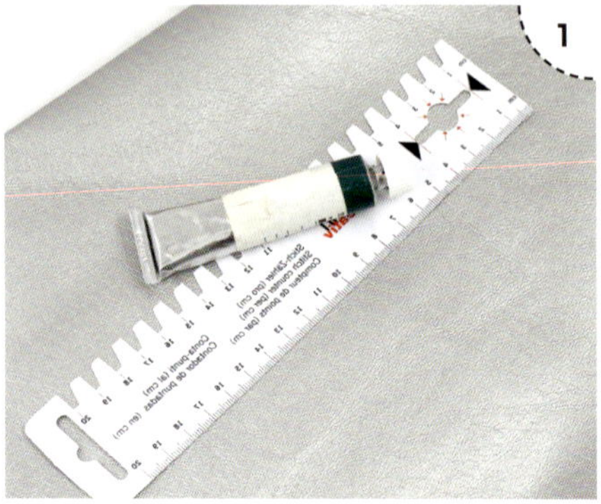

2

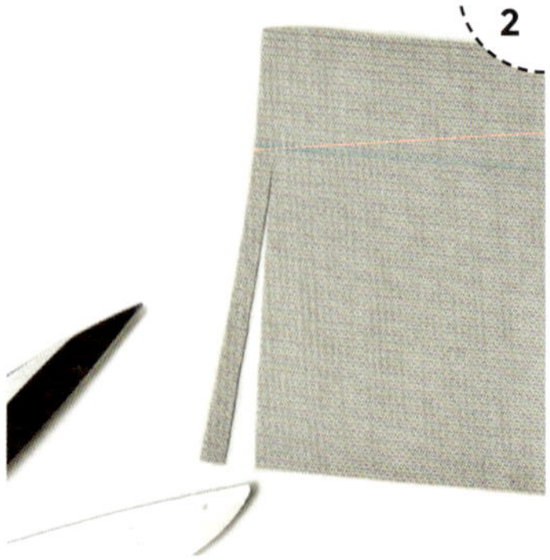

3

4

5

QUASTE HERSTELLEN

1. Eine Quaste ist schnell und einfach selbst hergestellt. Alles, was du brauchst, ist ein Streifen Kunstleder, ein Schmuckverschluss mit Endkappe und Textilkleber. Die Länge des Kunstlederstreifens hängt ganz davon ab, wie dick das Kunstleder und wie groß der Durchmesser der Endkappen des Verschlusses ist.

2. Rolle den Streifen auf und stecke ihn in die Endkappe, um die richtige Länge zu ermitteln. Die Höhe kannst du ebenfalls variieren, je nachdem, wie groß deine Quaste werden soll. Lege den Streifen mit der linken Seite nach oben vor dich und markiere eine Linie mit 1 cm Abstand zur oberen Kante.

3. Schneide dann mit einer scharfen Schere den Streifen bis zur Markierung in schmale Streifen.

4. Den oberen Teil über der Markierung streichst du mit Textilkleber ein. Verwende nicht zu viel, damit der Kleber später nicht herausquillt.

5. Rolle nun den Streifen zusammen, fixiere ihn mit einer Klammer und lass den Kleber trocknen. Dann etwas Kleber in die Endkappe füllen und die Quaste hineinstecken.

7 TASCHEN FÜR JEDEN TAG

HANDTASCHE ANOUK

Der Materialmix aus Kunstleder und Baumwollstoffen ermöglicht viele Kombinationsmöglichkeiten. Mit Steckfach sowie mehreren Reißverschlussfächern bietet Anouk viel Stauraum.

sehr schwer

Maße: 34 x 24 x 10 cm

MATERIAL

Der Stoffverbrauch bezieht sich auf eine Stoffbreite von 110 cm. Im Schnittmuster ist bereits 1 cm Nahtzugabe enthalten.

- **Oberstoff:** 70 cm Canvas in Natur mit Goldmuster
- **Futterstoff:** 70 cm Baumwollstoff in Mint
- **Kunstleder:** 25 cm in Mint
- **Vlieseline H630:** 100 cm
- 2 Karabiner (für 2,5 cm breites Gurtband) in Silber
- 2 D-Ringe (für 2,5 cm breites Gurtband) in Silber
- 1 Schieber (für 2,5 cm breites Gurtband) in Silber
- 140 cm und 2x 6 cm Gurtband, 2,5 cm breit
- 2x 14 cm langer Reißverschluss oder Endlosreißverschluss mit Schieber in Natur, 2,5 cm breit
- 18 cm langer Reißverschluss oder Endlosreißverschluss mit Zipper für Innenfach in Natur, 2,5 cm breit (optional)

ZUSCHNITT

Aus Oberstoff

2x Taschenfront (SB 2) im Stoffbruch
1x Taschenboden: 82,5 x 12 cm
1x Steckfach innen (optional): 22 x 16 cm
4x Reißverschlussblende: 33 x 7 cm
4x Reißverschluss-Endstücke 8 x 4,5 cm

Aus Futterstoff

2x Taschenfront (SB 2) im Stoffbruch
1x Steckfach außen (SB 2) im Stoffbruch
4x Reißverschlussfach außen (SB 2), 2x gegengleich zuschneiden
1x Taschenboden: 82,5 x 12 cm
2x Reißveschlussfach innen (optional): 22 x 16 cm

Aus Kunstleder

1x Steckfach außen (SB 2) im Stoffbruch

Aus Vlieseline H630

2x Taschenfront (SB 2) im Stoffbruch
1x Taschenboden: 82,5 x 12 cm

1

TIPP

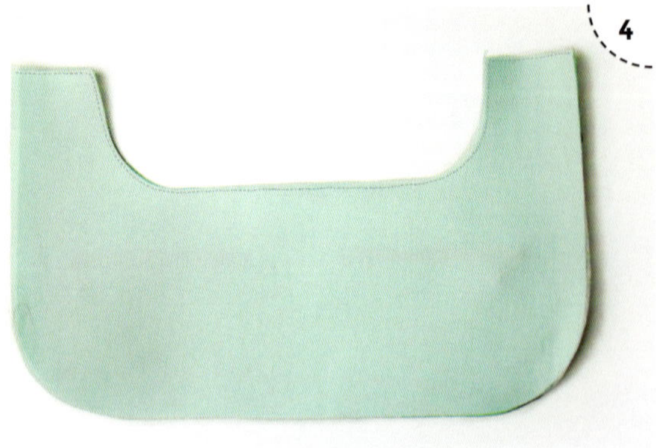

4

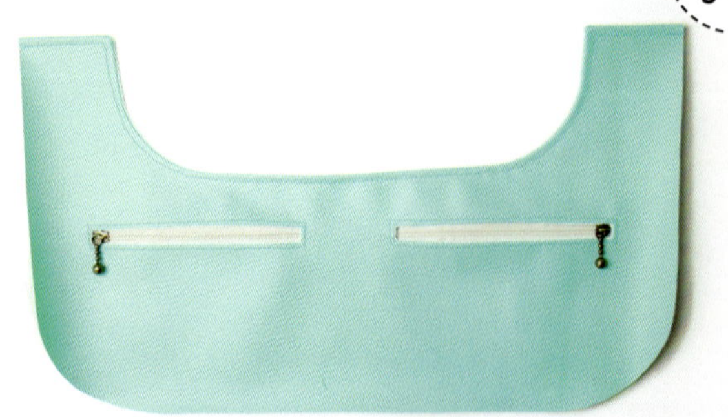

5

SCHNITTTEILE VORBEREITEN

1. Bereite alle Schnittteile vor und bügle die Vlieseline auf die linke Stoffseite der entsprechenden Teile. Wenn du kein Reißverschluss- und Steckfach integrieren möchtest, kannst du den 2. Schritt überspringen.

2. Positioniere ein Schnittteil des Reißverschlussfachs innen und das Steckfach innen 6 cm von der oberen Kante auf jeweils einer Taschenfront aus Futterstoff. Nähe sie nach der Anleitung im Grundlagenteil auf Seite 22 und 23 ein. Die Schablone für den Reißverschluss findest du auf dem Schnittmusterbogen 2 (SB 2).

3. Nähe nun die Reißverschlussfächer in das Außensteckfach ein. Positioniere die Schnittteile des Reißverschlussfachs je 1 cm von der oberen und linken bzw. rechten Kante auf das Schnittteil „Steckfach außen" aus Kunstleder. In der Mitte stoßen die Schnittteile aneinander.

◀◀ TIPP ▶▶

Öffne den Reißverschluss vor dem Nähen zur Hälfte. Sobald du beim Nähen am Zipper angekommen bist, versenke die Nadel im Stoff, hebe das Füßchen an und ziehe das Schieber an der Nadel vorbei nach hinten. Senke das Füßchen wieder und nähe weiter.

ÄUSSERES STECKFACH NÄHEN

4. Lege das Steckfach aus Futterstoff rechts auf rechts auf das Schnittteil aus Kunstleder mit den Reißveschlussfächern und nähe die oberen Kanten zusammen.

5. Kürze die Nahtzugaben, indem du die Ecken bis kurz vor die Naht ab- und die Rundungen einschneidest. Das Steckfach auf rechts wenden, die Kanten von der Futterseite ausbügeln und dann von der Kunstlederseite aus knappkantig absteppen.

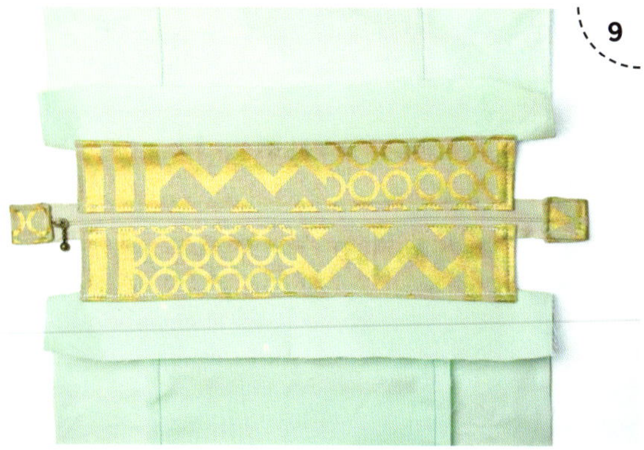

6. Fixiere nun das Steckfach links auf rechts auf einer Taschenfront aus Oberstoff und nähe die oberen, kurzen Kanten knappkantig fest. Markiere dir die untere Mitte und nähe dort eine senkrechte Naht zur Unterteilung des Steckfachs. Das Verriegeln nicht vergessen.

TASCHENBODEN ANNÄHEN

7. Markiere dir nun die Mitte auf dem Außentaschenteil mit dem Steckfach und dem Bodenteil aus Außenstoff. Stecke von der Mitte aus das Bodenteil gleichmäßig an das Außentaschenteil und nähe es fest. Der Taschenboden liegt dabei oben. Nähe genauso das zweite Außentaschenteil am Taschenboden fest. Schneide die Nahtzugaben an den Rundungen in regelmäßigen Abständen bis kurz vor die Naht ein.

REISSVERSCHLUSSBLENDE AN FUTTERTASCHE NÄHEN

8. Bereite die Reißverschlussblende, wie auf Seite 23 beschrieben, vor. Fixiere sie mittig und 4 cm von der oberen Kante links auf rechts auf eine Taschenfront aus Futterstoff (der Schieber des Reißverschlusses liegt oben). Nähe die Blende am oberen Rand, also an der Kante, die nach oben zeigt, knappkantig fest.

9. Stecke nun die andere Seite der Blende ebenfalls 4 cm von der oberen Kante auf die rechte Stoffseite des zweiten Futtertaschenteils und nähe sie knappkantig fest.

10. Nähe nun den Taschenboden wie in Schritt 7 an beide Futtertaschenteile an. Öffne den Reißverschluss der Reißverschlussblende.

GURTSCHLAUFEN NÄHEN

11. Fädle die 6 cm langen Gurtbandstücke durch jeweils einen D-Ring, falte sie bündig zusammen und nähe sie knapp entlang des D-Rings fest. Das geht besonders gut mit dem Reißverschluss-Füßchens deiner Nähmaschine.

AUSSEN- UND FUTTERTASCHE ZUSAMMENNÄHEN

12. Fixiere die beiden Schlaufen jeweils mittig an einem Ende des Taschenbodens der Außentasche und nähe sie knappkantig fest.

13. Wende die Außentasche und forme die Rundungen aus. Stecke sie nun rechts auf rechts in die Futtertasche. Achte darauf, dass das Reißverschlussfach der Futtertasche der Taschenrückseite der Außentasche zugewandt ist. Nähe die obere Kante ringsum, bis auf eine Wendeöffnung von ca. 20 cm auf der Taschenrückseite, zusammen.

14. Wende die Tasche durch die Wendeöffnung und den geöffneten Reißverschluss der Blende. Die Nahtzugaben der Wendeöffnung nach innen klappen, fixieren, die Taschenkante bügeln und ringsum knappkantig absteppen.

TRAGERIEMEN NÄHEN

15. Nähe nun noch einen passenden Gurt oder Trageriemen, wie auf Seite 26 und 27 beschrieben.

TURNBEUTEL JARA

Dass Turnbeutel angesagt sind, ist kein Geheimnis. Diese Interpretation ist zusätzlich mit einer Klappe versehen und bekommt so einen lässigen Rucksack-Look.

mittel

Maße: 34 x 41 x 8 cm

MATERIAL

Der Stoffverbrauch bezieht sich auf eine Stoffbreite von 110 cm. Im Schnittmuster ist bereits 1 cm Nahtzugabe enthalten.

- **Oberstoff:** 50 cm Baumwollstoff in Altrosa mit Dreiecken
- **Futterstoff:** 50 cm Baumwollstoff in Altrosa
- **Korkstoff:** 1 Bogen 50 x 70 cm
- **Vlieseline H630:** 50 cm
- 4 m Baumwollkordel, Ø 8 mm
- 20 cm Reißverschluss oder Endlosreißverschluss mit Schieber, 2,5 cm breit (optional)
- 37 cm Klettband (Haken)
- 1 Steckschloss

ZUSCHNITT

Aus Oberstoff

2x Außentasche oben: 40 x 27 cm

2x Tunnelzug: 40 x 8 cm

Aus Korkstoff

2x Außentasche unten: 40 x 21 cm

1x Taschenklappe (SB 2)

2x Halteschlaufen: 8 x 3 cm

Aus Futterstoff

1x Taschenklappe (SB 2)

2x Futtertasche: 40 x 46 cm

2x Reißverschlussfach: 22 x 22 cm (optional)

Aus Vlieseline H630

2x Außentasche oben: 40 x 27 cm

2

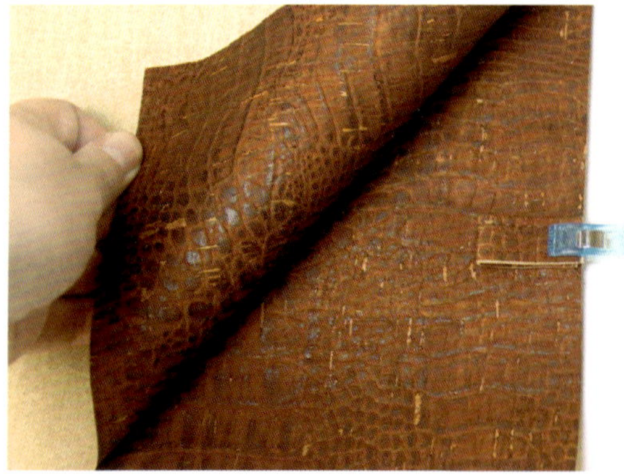

3

4

5

SCHNITTTEILE VORBEREITEN

1. Bereite alle Schnittteile vor und bügle die Vlieseline auf die linke Stoffseite der entsprechenden Schnittteile. Wenn du ein Reißverschlussfach in das Futter einnähen möchtest, folge den Schritten auf Seite 22. Positioniere ein Schnittteil des Reißverschlussfachs 3 cm von der oberen Kante auf einem Futtertaschenteil. Die Reißverschlussschablone findest du auf dem Schnittmusterbogen 2 (SB 2).

AUSSEN- UND FUTTERTASCHE NÄHEN

2. Fixiere je ein Schnittteil „Außentasche oben" und „Außentasche unten" rechts auf rechts und nähe sie zusammen. Klappe die Nahtzugaben auseinander und steppe sie jeweils rechts und links von der Naht knappkantig fest.

3. Bereite die Halteschlaufen vor, indem du sie längs links auf links faltest und an der langen Kante knappkantig zusammennähst. An der Bruchkante kannst du ebenfalls noch einmal knappkantig abnähen. Falte die Schlaufen nun auf die Hälfte und fixiere sie 7 cm von der unteren Kante entfernt an einem der Außentaschenteile. Die offenen Kanten liegen außen. Fixiere nun das zweite Außentaschenteil rechts auf rechts darauf und nähe die linke, rechte und untere Kante zusammen.

4. Nun wird der Taschenboden genäht. Dafür kürzt du zunächst die Nahtzugabe an den Ecken, indem du sie so faltest, dass die Seiten- und Bodennähte genau aufeinander treffen. Im Abstand von 4 cm zur Ecke zeichnest du dir eine Linie und nähst die Ecke quer ab. Knapp neben der Naht die Ecke abschneiden.

5. Nähe nun auch die Futtertaschenteile rechts auf rechts zusammen, lass dabei im Boden eine Wendeöffnung von ca. 15 cm, und arbeite die Ecken wie bei der Außentasche in Schritt 4 beschrieben.

6

7

8

9

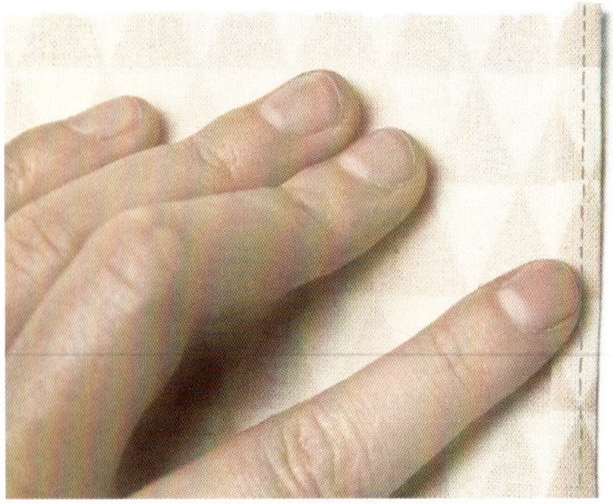

TASCHENKLAPPE NÄHEN

6. Lege die beiden Schnittteile der Taschenklappe rechts auf rechts zusammen, fixiere sie und nähe sie ringsum zusammen. An der oberen, geraden Kante eine Wendeöffnung von ca. 10 cm lassen. Die Nahtzugaben zurückschneiden. Wenden und Kanten bügeln.

7. Steppe die linke, rechte und untere Kante knappkantig ab (1) und bringe nun das Oberteil des Steckschlosses an. Sieh dir dazu am besten die beiliegende Anleitung an. Nun die obere, gerade Kante ebenfalls knappkantig absteppen (2). Somit ist die Wendeöffnung geschlossen.

8. Nun wird die Taschenklappe an die Außentasche genäht. Lege sie dafür rechts auf rechts, mittig und 3 cm von der oberen Kante entfernt, auf die Außentaschenrückseite und fixiere sie. Nähe die Taschenklappe knappkantig fest und verstärke Anfang und Ende mit einem engen Zickzackstich.

TUNNELZUG VORBEREITEN

9. Klappe die kurzen Seiten der Tunnelzug-Schnittteile 5 mm ein, bügle sie und klappe sie noch einmal ein. Fixiere die Säume und nähe sie knappkantig fest. Falte sie nun einmal längs, links auf links zusammen.

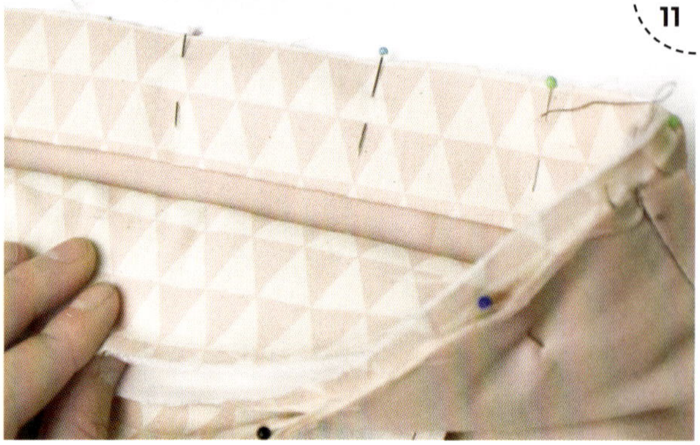

AUSSEN- UND FUTTERTASCHE ZUSAMMENNÄHEN

10. Wende die Außentasche auf rechts und stecke sie rechts auf rechts in die Futtertasche. Achte darauf, dass das Reißverschlussfach und die Taschenklappe der Außentasche auf derselben Seite liegen. Die Klappe liegt dabei zwischen Außen- und Futterstoff.

11. Fixiere die zuvor links auf links zusammengefalteten Tunnelzüge mit den offenen Kanten nach oben, jeweils an den oberen Seiten der Außentasche. Die oberen Kanten werden nun bündig aufeinander gelegt, fixiert und ringsum zusammengenäht. Die Tasche durch die Wendeöffnung im Futterstoff wenden. Schließe danach die Wendeöffnung. Bügle die obere Kante mit dem Tunnelzug und steppe sie knappkantig ab.

KORDEL EINZIEHEN

12. Teile die Kordel in zwei 2 m lange Stränge und ziehe jedes Kordelteil mithilfe einer Sicherheitsnadel gegenläufig durch beide Tunnelzüge (12 A). Auf jeder Seite soll die Kordel eine Schlaufe bilden (12 B).

13. Ziehe die Kordel durch die Korkschlaufen und verknote sie. Bringe den unteren Teil des Steckschlosses mittig und 20 cm von der oberen Kante des Tunnelzugs an. Nur noch die Wendeöffnung im Tascheninneren schließen, fertig!

EASY-PEASY-BEUTEL LINN

Pimp your Beutel! Durch die diagonale Teilung und den Einsatz verschiedener Materialien ist das Basic gleich nochmal so individuell und ebenso schnell und einfach genäht.

easy

Maße: 28 x 32 x 6 cm

MATERIAL

Der Stoffverbrauch bezieht sich auf eine Stoffbreite von 110 cm. Im Schnittmuster ist bereits 1 cm Nahtzugabe enthalten.

- **Oberstoff:** 35 cm Baumwollstoff in Natur mit orangefarbenem Muster
- **Futterstoff:** 45 cm Baumwollstoff in Orange
- **SnapPap in Mittelbraun:** 30 cm

ZUSCHNITT

- **Aus Baumwolle**
  2x Außentasche oben (SB 1), gegengleich zuschneiden
  2x Trageriemen: 60 x 4 cm
- **Aus SnapPap**
  2x Außentasche unten (SB 1), gegengleich zuschneiden
- **Aus Futterstoff**
  2x Futtertasche: 30 x 36 cm

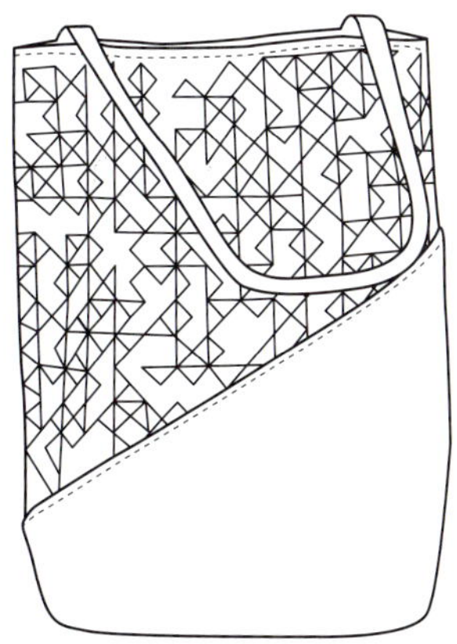

1A

1B

2

3

AUSSENTASCHE NÄHEN

1. Füge zuerst die beiden Teile für die Außentasche zusammen. An der schrägen Kante der Schnittteile „Außentasche oben“ rechts auf rechts das entsprechende Teil „Außentasche unten“ legen und mit Clips fixieren. Achte darauf, dass das Schnittteil aus SnapPap auf der linken Seite 1cm über die Kante heraussteht und auf der rechten 1cm eingerückt ist. Nähe die beiden Schnittteile an der schrägen Kante innerhalb der Nahtzugabe zusammen.

2. Bügle die Nahtzugabe auf der Rückseite auseinander und steppe sie auf der Vorderseite links und rechts neben der Naht knappkantig fest. Die beiden Arbeitsschritte so auch mit den beiden anderen Schnittteilen für die Außentasche wiederholen.

3. Die beiden Außentaschenteile bündig rechts auf rechts aufeinanderlegen, mit Clips fixieren und die linke, rechte und untere Kante in einem Rutsch zusammennähen.

4

5

6

7

4. Nun wird der Taschenboden genäht. Dafür die Ecken so falten, dass die Seiten- und die Bodennaht genau aufeinandertreffen. Im Abstand von 3 cm zur Ecke zeichnest du dir eine Linie und nähst sie quer ab.

5. Die Ecke knapp neben der Naht abschneiden.

6. Wende den Außenbeutel auf rechts.

FUTTERTASCHE NÄHEN

7. Lege die beiden Schnittteile der Futtertasche rechts auf rechts zusammen, stecke sie fest und nähe die linke, rechte und untere Kante zusammen. An der unteren Kante eine Wendeöffnung von etwa 20 cm lassen. Schneide die Nahtzugabe, außer bei der Wendeöffnung, auf 3 mm vor die Naht zurück. Nähe einen Taschenboden wie in Schritt 4 und 5 beschrieben.

TIPP

SnapPap lässt sich schwerer wenden als Stoff. Damit es leichter geht, einfach anfeuchten.

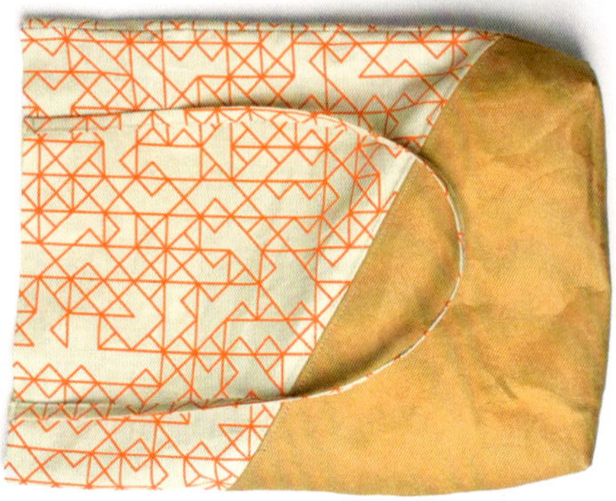

9

10

11

HENKEL NÄHEN UND AN DER AUSSENTASCHE FIXIEREN

8. Nähe zwei Henkel bzw. Trageriemen mit der Länge von 60 cm, wie auf Seite 27 beschrieben.

9. Lege einen Henkel in einer Schlaufe an die Oberkante der Außentasche, stecke die beiden Enden jeweils 5 cm von der linken bzw. rechten Kante entfernt fest und nähe sie knappkantig fest. Befestige den zweiten Henkel an der anderen Taschenseite ebenso.

AUSSEN- UND FUTTERTASCHE ZUSAMMENNÄHEN

10. Stecke die Außentasche rechts auf rechts in die Futtertasche und stecke die obere Kante zusammen. Achte darauf, dass die beiden Seitennähte jeweils genau aufeinander und die Henkel im Inneren liegen. Nähe die Kante ringsum zusammen und wende die Tasche durch die Wendeöffnung in der Futtertasche. Nun noch die Wendeöffnung schließen.

11. Bügle die obere Kante und steppe sie noch einmal ringsum knappkantig ab, und fertig ist das gute Stück!

FOLDOVER-TASCHE MALOU

„Malou“ ist der perfekte Begleiter zum Ausgehen oder für festliche Anlässe. Aber auch für einen Stadtbummel ist sie bestens geeignet, da dank Reißverschluss nichts verloren geht.

mittel

Maße: 25 x 18 cm

MATERIAL

Der Stoffverbrauch bezieht sich auf eine Stoffbreite von 110 cm. Im Zuschnitt ist bereits 1 cm Nahtzugabe enthalten.

- **Oberstoff:** 30 cm Baumwollstoff in Schwarz-Weiß gemustert
- **Futterstoff:** 35 cm Baumwollstoff in Weiß-Schwarz gemustert
- **Kunstleder in Silber:** 10 cm
- **Vlieseline H630:** 30 cm
- 27 cm Reißverschluss oder Endlosreißverschluss mit Schieber, 2,5 cm breit
- Taschenkette, 85 cm
- 20 cm Reißverschluss oder Endlosreißverschluss mit Schieber fürs Innenfach, 2,5 cm breit (optional)

ZUSCHNITT

Aus Oberstoff
2x Außentasche: 27 x 28 cm
2x Reißverschluss-Endstücke: 7 x 2,5 cm

Aus Vlieseline H630
2x Außentasche: 27 x 28 cm

Aus Kunstleder
2x Kontraststreifen: 27 x 6 cm
2x Halteschlaufen: 6 x 2 cm

Aus Futterstoff
2x Futtertasche: 27 x 32 cm

Aus Außen- oder Futterstoff
optional 2x Reißverschlussfach: 22 x 14 cm

2

3

4

5

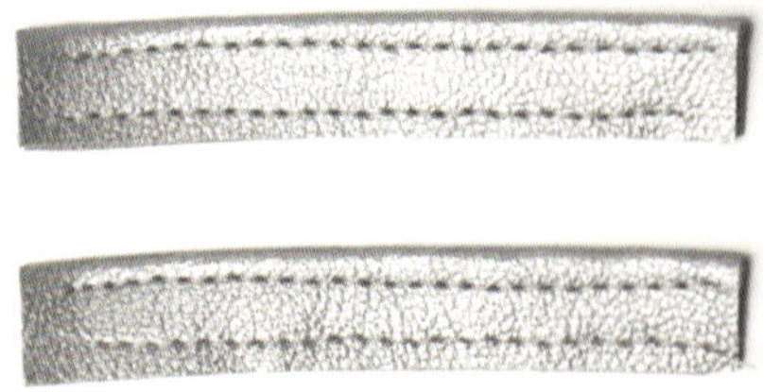

SCHNITTTEILE VORBEREITEN

1. Bereite alle Schnittteile vor und bügle die Vlieseline auf die linke Stoffseite der angegebenen Schnittteile. Wenn du ein Reißverschlussfach in das Futter einnähen möchtest, folge den Schritten auf Seite 22. Positioniere ein Schnittteil des Reißverschlussfachs 3 cm von der unteren Kante auf ein Futtertaschenteil. Die Reißverschlussschablone findest du auf dem Schnittmusterbogen 1 (SB 1).

REISSVERSCHLUSS VORBEREITEN

2. Wenn du einen Endlosreißverschluss verwendest, schneide ihn auf 27 cm zu und fädle den Schieber auf, wie auf Seite 21 beschrieben. Damit der eingenähte Reißverschluss in der fertigen Tasche sauber aussieht, werden zunächst die Endstücke angebracht.

3. Falte die Endstücke in der Mitte und bügle die Bruchkante. Lege die Endstücke rechts auf rechts bündig zu den Reißverschlussenden an. Die Bruchkanten zeigen nach innen, die offenen Kanten stoßen an die Enden des Reißverschlusses. Nähe nun jeweils eine Naht knappkantig entlang der Bruchkante.

4. Schneide nun auf der Rückseite den Reißverschluss auf ca. 5 mm nach der Naht zurück.

HALTESCHLAUFEN VORBEREITEN

5. Falte die Halteschlaufen der Länge nach links auf links mittig zusammen und nähe die langen, offenen Kanten knappkantig zusammen. Auf der anderen Seite ebenfalls knappkantig absteppen.

6

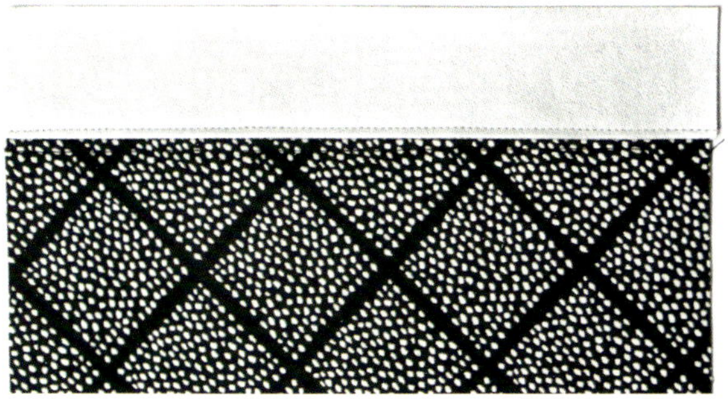

7

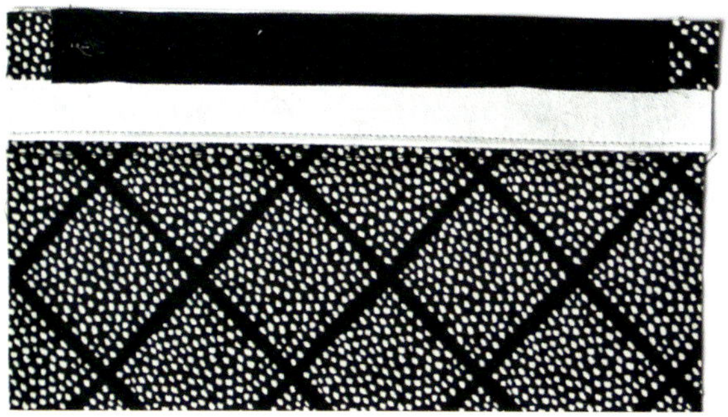

9

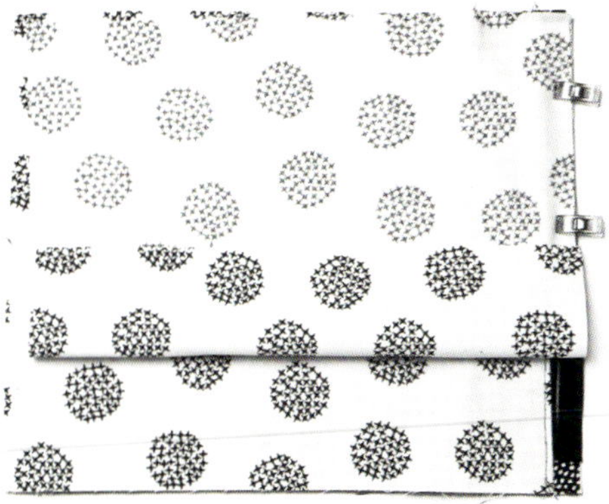

10

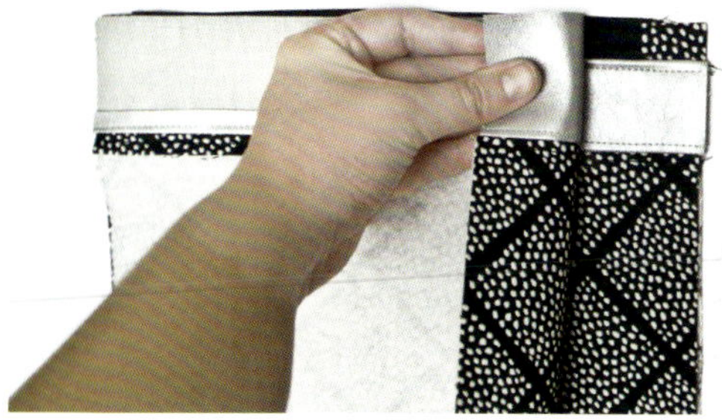

TASCHE NÄHEN

6. Stecke den Kontraststreifen aus Leder rechts auf rechts auf das Außentaschenteil und nähe beide Lagen innerhalb der Nahtzugabe zusammen. Klappe die Nahtzugaben auseinander und nähe sie auf der rechten Stoffseite jeweils links und rechts der Naht knappkantig fest. Für die anderen beiden Schnittteile wiederholen.

7. Lege den Reißverschluss nun rechts auf rechts auf eines der Außentaschenteile und lege dann ein Futtertaschenteil rechts auf rechts darauf. Die obere Kante mit dem Reißverschluss mit 1cm Nahtzugabe festnähen. Benutze hierfür ein Reißverschlussfüßchen.

8. Klappe nun die angenähten Taschenteile links auf links aufeinander, sodass der Reißverschluss außen liegt. Steppe die Kante neben dem Reißverschluss noch einmal knappkantig ab, sodass später beim Öffnen und Schließen kein Stoff eingeklemmt wird.

9. Lege das Futtertaschenteil mit Reißverschluss mit der Futterstoffseite nach oben zeigend vor dich hin. Darauf das andere Futtertaschenteil, rechts auf rechts und Futterstoff auf Futterstoff, legen. Die Oberkanten des Reißverschlusses und Futterstoffes liegen bündig aufeinander.

10. Darauf legst du wiederum rechts auf rechts das zweite Außentaschenteil und fixierst alles mit Clips. Der Reißverschluss liegt nun zwischen Futter- und Außentaschenteil. Nähe alle Lagen mit einem Reißverschlussfüßchen zusammen. Klappe dann die Taschenteile wieder links auf links aufeinander und steppe die Kante neben dem Reißverschluss knappkantig fest.

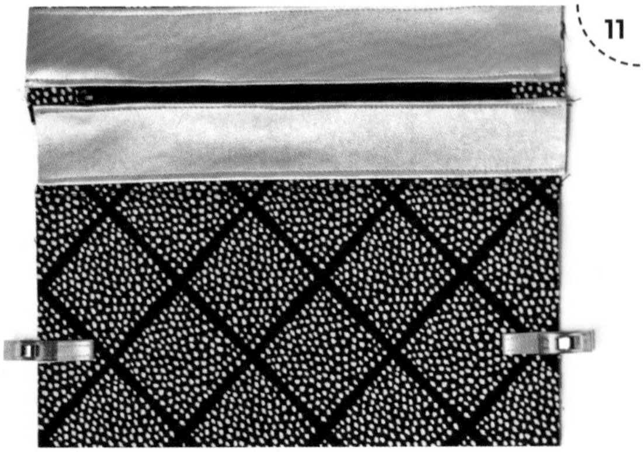

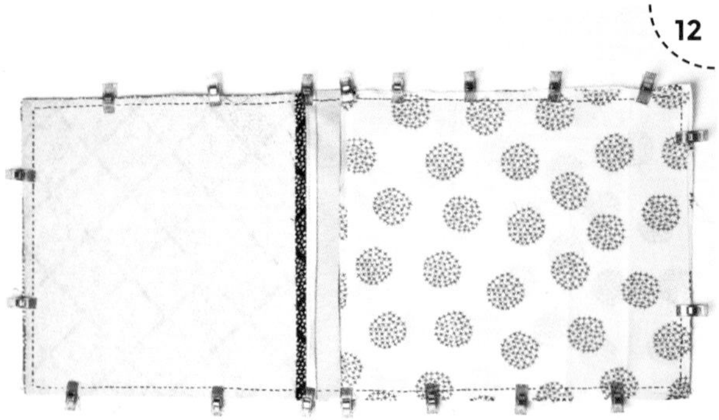

11. Falte die Halteschlaufen in der Mitte und stecke sie 19 cm von der unteren Kante entfernt auf die rechte Seite eines Außentaschenteils.

12. Lege nun jeweils die Innen- und die Außentaschenteile rechts auf rechts aufeinander. Die Nähte, wo die Außentasche und die Kontraststreifen zusammengenäht wurden, sollten aufeinandertreffen und der Reißverschluss mindestens zur Hälfte geöffnet sein. Nähe nun einmal ringsum mit einer Nahtzugabe von alles 1 cm zusammen. Am Boden der Futtertasche lässt du eine 18 cm große Wendeöffnung.

13. Schräge die Ecken der Nahtzugabe ab und schneide sie ringsum auf 3 mm vor der Naht zurück. Spare die Nahtzugabe der Wendeöffnung aus. Wende die Tasche durch den geöffneten Reißverschluss, forme die Ecken mit einem Stäbchen aus und schließe die Wendeöffnung.

14. Bringe die Kette als Trageriemchen und, wenn du möchtest, eine Quaste am Reißverschluss an. Wie du eine Quaste selbst herstellst, kannst du auf Seite 28 nachlesen.

◂◂ TIPP ▸▸

Öffne den Reißverschluss vor dem Nähen zur Hälfte. Sobald du beim Nähen am Zipper angekommen bist, versenke die Nadel im Stoff, hebe das Füßchen an und ziehe das Schieber an der Nadel vorbei nach hinten. Senke das Füßchen wieder und nähe weiter.

BUCKET BAG RONJA

Bucktet Bags sind die perfekten Alltagsbegleiter. Verschlossen wird die Tasche mit einer Kordel oder einem Zugband, das ihr die typische Beutelform gibt.

schwer

Maße: 25 x 32 x 20 cm

MATERIAL

Der Stoffverbrauch bezieht sich auf eine Stoffbreite von 110 cm. Im Zuschnitt ist bereits 1 cm Nahtzugabe enthalten.

- **Oberstoff:** 50 cm Baumwollstoff in Schwarz-Weiß mit Ethno-Muster
- **Futterstoff:** 65 cm Baumwollstoff
- **Kunstleder in Schwarz:** 20 cm
- **Vlieseline H630:** 2x 51 x 24 cm
- **Vlieseline H180:** 2x 51x 5 cm
- 2 Karabiner (für 2,5 cm breites Gurtband)
- 2 D-Ringe (für 2,5 cm breites Gurtband)
- 1 Schieber (für 2,5 cm breites Gurtband)
- 14 Ösen, Ø 8 mm
- 2x 10 cm Gurtband für Halteschlaufen, 2,5 cm breit
- 140 cm Gurtband, 2,5 cm breit
- 150 cm Kordel, Ø 8 mm
- 20 cm langer Reißverschluss oder Endlosreißverschluss mit Schieber, 2,5 cm breit
- 20 cm langer Reißverschluss oder Endlosreißverschluss mit Schieber fürs Innenfach, 2,5 cm breit (optional)

ZUSCHNITT

Aus Oberstoff
2x Außentasche oben: 51 x 24 cm

Aus Futterstoff
1x Taschenboden: 27 x 22 cm
2x Futtertasche: 51 x 36 cm
optional 2x Reißverschlussfach: 25 x 25 cm

Aus Kunstleder
2x Außentasche unten: 51 x 14 cm
1x Kordelstopper: 10 x 6 cm
1x Taschenboden: 27 x 22 cm

Aus Vlieseline H630
2x Außentasche oben: 51 x 24 cm

Aus Vlieseline H180
2x Futtertasche (obere Kante): 51 x 5 cm

2

3

4

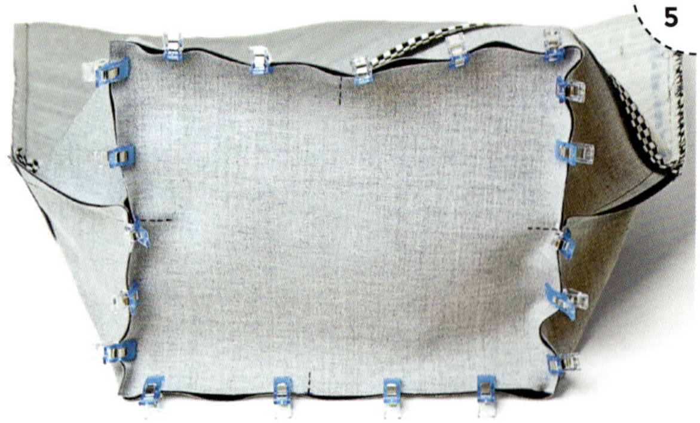
5

SCHNITTTEILE VORBEREITEN

1. Bereite alle Schnittteile vor und bügle die Vlieseline auf die linke Stoffseite der entsprechenden Schnittteile. Die Vlieseline H180 bügelst du an die obere Kante der beiden Futtertaschenteile. Wenn du eine Reißverschlusstasche in das Futter einnähen möchtest, folge den Schritten auf Seite 22. Positioniere ein Schnittteil des Reißverschlussfachs 5 cm von der oberen Kante auf ein Futtertaschenteil. Die Schablone für den Reißverschluss findest du auf dem Schnittmusterbogen 1 (SB 1).

AUSSEN- UND FUTTERTASCHE NÄHEN

2. Fixiere ein Schnittteil „Außentasche unten“ auf ein „Außentasche oben“, rechts auf rechts und bündig zur unteren Kante, nähe sie mit 1 cm Nahtzugabe zusammen. Die Nahtzugaben auseinanderklappen und von rechts jeweils links und rechts der Naht knappkantig festnähen. Mit den übrigen Schnittteilen wiederholen.

3. Lege die beiden Außentaschenteile rechts auf rechts zusammen und nähe die Taschenseiten zusammen.

4. Markiere dir am Bodenteil aus Kunstleder jeweils die Mitte aller Seiten mit einem kleinen Knips innerhalb der Nahtzugabe. Markiere dir so ebenfalls die Mitte zwischen den beiden Seitennähten an der unteren Taschenkante der Außentasche.

5. Stecke nun das Bodenteil gleichmäßig rechts auf rechts an die Außentasche. Beginne bei den eingeschnittenen Markierungen: Die des Bodenteils treffen jeweils auf die Seitennähte und die vordere bzw. hintere Mitte der Außentasche. Nähe das Bodenteil ringsherum an die Außentasche. Das Bodenteil liegt beim Nähen oben. An den Ecken wird das Nähen etwas knifflig, nähe sie leicht rund. Die Nahtzugaben der Ecken nach dem Nähen bis kurz vor die Naht abschrägen.

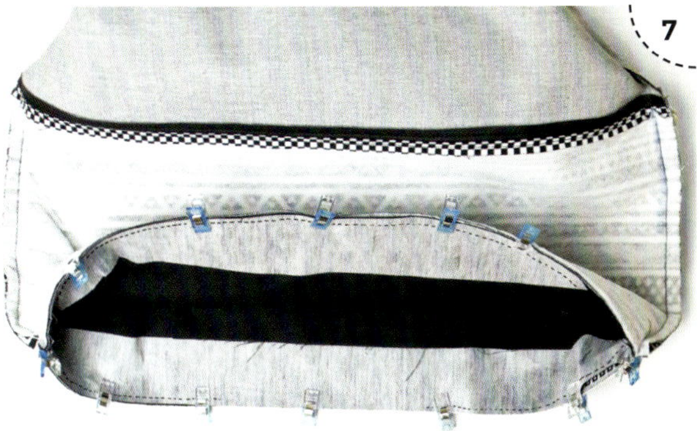

7

8

9

10

6. Nähe die Futtertasche genauso wie die Außentasche.

AUSSEN- UND FUTTERTASCHE ZUSAMMENFÜGEN

7. Wende die Futtertasche und stecke sie rechts auf rechts in die Außentasche. Achte darauf, dass die Seitennähte genau aufeinandertreffen, und fixiere die obere Kante. Nähe sie ringsum, bis auf eine Wendeöffnung von ca. 25 cm, zusammen. Die Nahtzugabe an der Wendeöffnung bis kurz vor die Naht einschneiden.

8. Wende die Tasche durch die Wendeöffnung, stecke die Futtertasche in die Außentasche und klappe die Nahtzugabe der Wendeöffnung nach innen. Die obere Kante bügeln und ringsum noch einmal knappkantig absteppen. So ist auch die Wendeöffnung geschlossen.

HALTESCHLAUFEN ANBRINGEN

9. Fädle die D-Ringe auf die beiden 10 cm langen Gurtbandstücke und klappe sie zusammen. Eine Seite des Gurtbandes ist ca. 2 cm länger. Klappe diesen Überstand nach innen zur anderen offenen Kante und fixiere ihn. Nähe die obere Kante am D-Ring und an der unteren Faltkante knappkantig ab. Das funktioniert am besten mit dem Reißverschlussfüßchen.

10. Fixiere die Halteschlaufen am besten mit doppelseitigem Klebeband mittig auf den Seitennähten der Tasche. Die Unterkante sollte 12 cm Abstand zu oberen Kante der Tasche haben. Nähe nun ein Quadrat und noch einmal über Kreuz. Auch hier das Reißverschlussfüßchen verwenden.

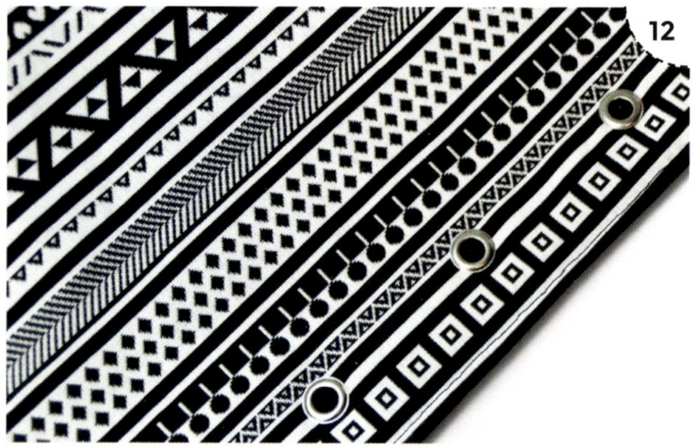

ÖSEN ANBRINGEN

11. Markiere dir an der Außentasche die vordere Mitte mit einer Nadel und setze im Abstand von jeweils 3,5 cm zur Nadel und mit 3,5 cm Abstand zur oberen Kante die ersten Markierungspunkte für die Ösen. Verteile dann im Abstand von 7 cm ringsum die weiteren Punkte für die Ösen. Gehe dabei immer von der vorderen Mitte aus.

12. Wenn die Markierungen gesetzt sind (insgesamt 14 Stück), die Ösen wie auf Seite 20 beschrieben anbringen.

TASCHE FERTIGSTELLEN

13. Ziehe nun die Kordel von der Mitte aus im Wechsel von vorne nach hinten und von hinten nach vorne durch die Ösen, bis sie auf der anderen Seite in der Mitte wieder herausschaut. Kürze die Kordel, bis sie für dich die richtige Länge hat.

14. Nähe nun einen Kordelstopper aus Kunstleder und bringe ihn an (siehe Seite 24). Die Kordelenden kannst du verknoten, damit sie nicht aufribbeln, oder du verzierst sie mit Kunstlederresten, wie in der Anleitung zur Yogamatten-Tasche auf Seite 79 beschrieben.

15. Fertige einen Trageriemen aus dem Gurtband, wie im Grundlagenteil auf Seite 26 beschrieben.

HÜFTTÄSCHCHEN CLEO

Mit dieser kleinen Hüfttasche hast du die Hände frei und doch alles Wichtige dabei. Smartphone und Co. können sicher im Reißverschlussfach verstaut werden.

schwer

Maße: 20 x 15 cm

MATERIAL

Der Stoffverbrauch bezieht sich auf eine Stoffbreite von 110 cm. Im Schnittmuster ist bereits 1 cm Nahtzugabe enthalten.

- **Oberstoff:** 30 cm Baumwollstoff in Natur mit Neon-Muster
- **Futterstoff:** 30 cm Baumwollstoff in Lila
- **Vlieseline H200:** 30 cm
- 20 cm Endlosreißverschluss mit Schieber, 3 cm breit
- 22 cm Schrägband in Gold
- 120 cm Gurtband in Natur, 2,5 cm breit
- Steckschnalle in Gold für 2,5 cm breites Gurtband
- Schieber in Gold für 2,5 cm breites Gurtband

TIPP

Das Steckfach könntest du mit Klettverschluss verschließen. Bringe diesen vor dem Zusammennähen des Fachs am Futterstoff und anschließend am Schnittteil Außentasche mit dem Reißverschluss an. Für die richtige Position legst du das Futterteil des Steckfachs auf die Außentasche und markierst dir die richtige Stelle.

ZUSCHNITT

- **Aus Oberstoff**
  - 2x Außentasche/Futtertasche (SB 2) im Stoffbruch
  - 1x Steckfach vorne (SB 2) im Stoffbruch
- **Aus Futterstoff**
  - 2x Außentasche/Futtertasche (SB 2) im Stoffbruch
  - 1x Steckfach hinten (SB 2) im Stoffbruch
- **Aus Vlieseline H200**
  - 2x Außentasche/Futtertasche (SB 2) im Stoffbruch
  - 1x Steckfach hinten (SB 2) im Stoffbruch

2

3

4

5

SCHNITTTEILE VORBEREITEN

1. Bereite alle Schnittteile vor. Bügle die Vlieseline auf die linke Seite der Schnittteile aus Futterstoff.

STECKFACH MIT KELLERFALTE NÄHEN

2. Übertrage dir die Knipse der Schablone „Steckfach vorne", indem du den Stoff leicht einschneidest. Falte nun das Schnittteil an den Knipsen zickzack-förmig zur Mitte hin. Die Bruchkanten zeigen in der Mitte zueinander. Fixiere die entstandene Falte und nähe sie knappkantig an der oberen sowie unteren Kante fest.

3. Drehe das „Steckfach vorne" nun so um, dass die linke Stoffseite nach oben zeigt. Lege links auf links das „Steckfach hinten" darauf. Falte das Schrägband auf, lege es rechts auf rechts an die obere Kante des Futterstoffs und fixiere es an der oberen Kante der beiden Stofflagen. Nähe nun genau im Bruch des Schrägbands.

4. Klappe das festgenähte Schrägband nach oben, bügle die Kante und schlage es um die offene Kante auf die Vorderseite um. Drehe dein Steckfach so, dass die Seite mit der Kellerfalte wieder oben liegt. Fixiere das umgeklappte Schrägband an der Kante. Es muss genau die vorher genähte Naht verdecken. Nähe es nun knappkantig fest.

HÜFTTASCHE NÄHEN

5. Nähe in eines der Schnittteile „Außen-/Futtertasche" aus Oberstoff das entsprechende Futter als Reißverschlusstasche ein. Markiere dir dazu die richtige Position für den Reißverschluss auf der linken Seite eines Schnittteils „ Außen-/Futtertasche" aus Futterstoff. Verfahre beim Einnähen des Reißverschlusses wie auf Seite 22 gezeigt von Schritt 1 bis 4. Lege nun das Steckfach links auf rechts auf die Vorderseite des Oberstoff-Schnittteils mit dem Reißverschluss und fixiere es.

6

7

8

9

6. Drehe alles um und fixiere nun auf der Rückseite das zweite Futtertaschenteil rechts auf rechts. Nähe alle Stofflagen rundherum knappkantig zusammen. Wenn du nun den Reißverschluss öffnest, schaut dich der Futterstoff mit der rechten, schönen Seite an.

▲ GURTBAND ANNÄHEN

7. Schneide dir vom Gurtband 8 cm ab und fädle es durch einen Teil der Steckschnalle, sodass sich eine Schlaufe bildet. Nähe es entlang der Schnalle quer fest. Fädle dann den Schieber und das Gegenstück der Steckschnalle auf das restliche Gurtband auf. Um einen verstellbaren Gurt zu nähen, der dem Hüftumfang angepasst werden kann, verfahre wie auf Seite 26 gezeigt. Fixiere mit jeweils 1,5 cm Abstand zum oberen Rand das kurze Gurtband mit der Schlaufe auf der rechten und das lange, verstellbare Gurtband auf der linken Seite der Vorderseite. Dabei liegt die „schöne" Seite der Schnalle und des Schiebers unten. Nähe die Gurtbandenden knappkantig fest.

▲ HÜFTTASCHE FERTIGSTELLEN

8. Fixiere nun das verbliebene Schnittteil „Außentasche" rechts auf rechts auf dem bereits genähten Taschenteil. Achte darauf, dass die Gurtbänder im Inneren liegen, und nähe es rundherum zusammen. Lass eine 14 cm lange Wendeöffnung an der Oberkante. Schräge die Ecken bis kurz vor die Naht ab und schneide die Rundungen in regelmäßigen Abständen bis kurz vor die Naht ein. Dann an den Rundungen die Nahtzugabe auf ca. 3 mm zurückschneiden.

9. Wende die Hüfttasche, forme alle Ecken und Rundungen aus und klappe die Nahtzugabe der Wendeöffnung nach innen. Steppe die obere Kante noch einmal knappkantig ab und verschließe so die Wendeöffnung.

WEEKENDER TIRIL

In diese geräumige Tasche passt alles für den Wochenend-Trip. Mehrere Fächer außen und in der Tasche bieten zudem Stauraum für jede Menge Kleinkram.

schwer

Maße: 40 x 45 x 26 cm

MATERIAL

Der Stoffverbrauch bezieht sich auf eine Stoffbreite von 110 cm. Im Schnittmuster ist bereits 1 cm Nahtzugabe enthalten.

- **Oberstoff:** 100 cm Baumwollstoff in Weiß mit Dreiecken
- **Futterstoff:** 100 cm Baumwollstoff in Grau
- **Kunstleder in Kupfer:** 21 x 52 cm
- **Soft & Stable oder Style-Vil:** 150 cm
- **Vlieseline H200:** 32 x 52 cm
- **Vlieseline H250:** 32 x 52 cm
- 2x 160 cm Gurtband, 2,5 cm breit
- 50 cm langer Reißverschluss, 2,5 cm breit
- 25 cm langer Reißverschluss oder Endlosreißverschluss mit Schieber, 2,5 cm breit

ZUSCHNITT

Aus Oberstoff
2x Taschenfront: 42 x 48,3 cm
2x Seitenteil (SB 2)
1x Taschenboden: 42 x 22 cm
4x Reißverschluss-Endstücke: 8 x 4,5 cm
4x Reißverschlussblende: 40 x 9 cm

Aus Futterstoff
2x Taschenfront: 42 x 48,3 cm
2x Seitenteil (SB 2)
1x Taschenboden: 42 x 22 cm

Aus Ober- oder Futterstoff
1x Steckfach innen: 32 x 52 cm
2x Reißverschlussfach: 27 x 27 cm

Aus Kunstleder
1x Steckfach außen: 21 x 52 cm

Aus Soft & Stable oder Style-Vil
2x Taschenfront: 44 x 50,3 cm
2x Seitenteil (SB 2), umlaufend 1 cm größer zuschneiden
1x Taschenboden: 44 x 24 cm

Aus Vlieseline H200
1x Steckfach innen: 32 x 52 cm

Aus Vlieseline H250
1x Steckfach innen: 32 x 52 cm

2

3

4

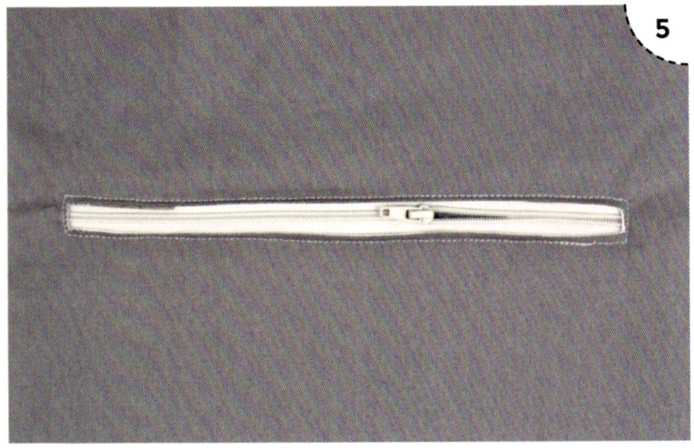
5

SCHNITTTEILE VORBEREITEN

1. Bereite alle Schnittteile vor. Bügle die Vlieseline auf die linke Stoffseite der entsprechenden Schnittteile, das Volumenvlies nähst du auf die linke Stoffseite. Der Stoff sollte dabei straff gespannt sein. Schneide die überstehenden Ränder ab.

AUSSENTASCHE NÄHEN

2. Falte das Kunstlederfach mittig links auf links zusammen, steppe die obere Bruchkante knappkantig ab und fixiere das Steckfach an der unteren Kante mittig auf einer Taschenfront aus Oberstoff. Darüber legst du eines der Gurtbandstücke in einer Schlaufe. Der Abstand zum linken und rechten Rand beträgt 9 cm, das Steckfach liegt mittig unter dem Gurtband. Dieses knappkantig links und rechts an die Außentasche bis 4 cm von der oberen Kante entfernt festnähen. Verriegele die Naht. Zur Verstärkung ein Rechteck mit Kreuz einnähen. Wiederhole dies auf der zweiten Seite des Gurtbands. Nähe das zweite Gurtband auf der anderen Taschenfront ebenso an.

3. Lege nun die beiden Seitenteile rechts auf rechts auf die erste Front und nähe sie fest. Achte darauf, die Seitenteile richtig herum anzunähen. Dann wird die zweite Front rechts auf rechts auf die Seitenteile gelegt und angenäht.

4. Stecke den Taschenboden aus Oberstoff rechts auf rechts gleichmäßig an der Taschenunterseite fest und nähe ihn an. Der Taschenboden liegt dabei unten, die Nahtzugaben der Seitenteile werden beim Annähen auseinandergeklappt. Schräge die Nahtzugaben der Ecken am Taschenboden ab und schneide alle Nahtzugaben auf 3 mm vor die Naht zurück.

6

7

8

9

FUTTERTASCHE NÄHEN

5. Nähe in eine Taschenfront aus Futterstoff ein Reißverschlussfach, wie auf Seite 22 beschrieben, ein. Positioniere das Schnittteil des Reißverschlussfachs mittig und 7 cm von der oberen Kante entfernt. Die Schablone für den Reißverschluss findest du auf dem Schnittmusterbogen 2 (SB 2).

6. An die zweite Taschenfront aus Futterstoff nähst du das Steckfach, wie es auf Seite 24 beschrieben wird. Positioniere es mittig auf der Taschenfront.

7. Bereite nun die Reißverschlussblende vor (siehe Seite 23). Nun die Reißverschlussblende und Futtertaschenfronten zusammenfügen. Dafür legst du die Blende links auf rechts mittig auf ein Futtertaschenteil. Lass zum oberen Rand 5 cm Abstand. Nähe die Blende an der oberen Kante knappkantig fest. Verfahre so ebenfalls mit dem zweiten Futtertaschenteil. Öffne den Reißverschluss vollständig. Nun werden die Seitenteile und das Bodenteil wie bei der Außentasche angenäht. Am Bodenteil lässt du auf einer Seite eine Wendeöffnung von 30 cm.

AUSSEN- UND FUTTERTASCHE ZUSAMMENFÜGEN

8. Wende die Futtertasche und stecke sie rechts auf rechts in die Außentasche. Fixiere die obere Taschenkante ringsherum. Die Seitennähte von Innen- und Außentasche sollten genau aufeinander treffen. Ringsherum zusammennähen.

9. Wende die Tasche durch die Wendeöffnung und den offenen Reißverschluss, forme alle Ecken und Rundungen aus und verschließe die Wendeöffnung mit einer knappkantigen Naht. Bügle die obere Taschenkante, fixiere sie zusätzlich mit Clips oder Nadeln und nähe sei noch einmal knappkantig ab.

9 TASCHEN MIT PFIFF

SONNENBRILLEN-ETUI FINJA

Nichts ist ärgerlicher als ein Kratzer auf dem Glas der Lieblingssonnenbrille. Nähe dir mit wenig Zeitaufwand ein schickes Etui mit Verschlussband, damit sie gut geschützt wird.

easy

Maße: 20 x 9 cm

MATERIAL

Der Stoffverbrauch bezieht sich auf eine Stoffbreite von 110 cm. Im Schnittmuster ist bereits 1 cm Nahtzugabe enthalten.

- **Oberstoff:** 20 cm Baumwollstoff in Pink mit goldfarbenen Streifen
- **Taschenklappe:** 10 cm Kunstleder in Kupfer
- **Futterstoff:** 20 cm Baumwollstoff in Pink
- **Vlieseline H630:** 20 cm

ZUSCHNITT

- **Aus Oberstoff**
  1x Außentasche: 22 x 19 cm
- **Aus Futterstoff**
  1x Futtertasche: 22 x 19 cm
  1x Taschenklappe (SB 2)
- **Aus Kunstleder**
  1x Taschenklappe (SB 2)
  1x Streifen für das Verschlussband: 3 x 48 cm
- **Aus Vlieseline H630**
  1x Futtertasche: 22 x 19 cm

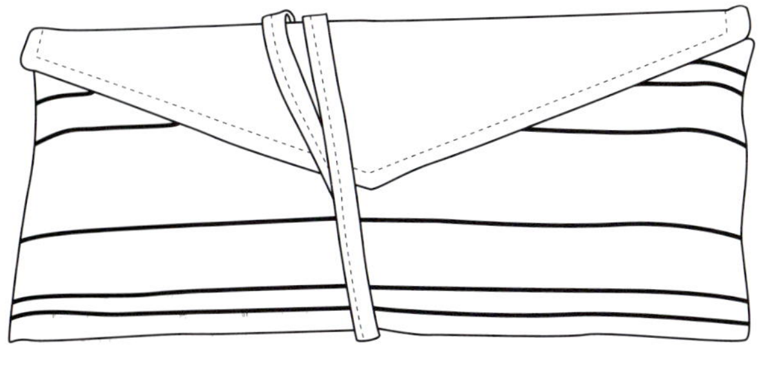

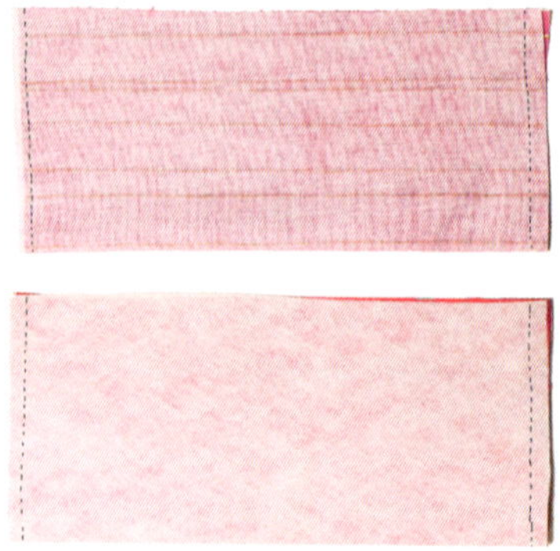

2

3

4

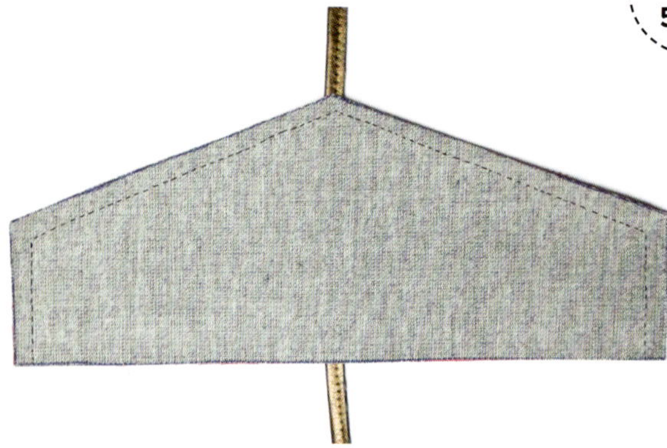

5

SCHNITTTEILE VORBEREITEN

1. Bereite alle Schnittteile vor und bügle die Vlieseline auf die linke Stoffseite der entsprechenden Schnittteile.

AUSSEN- UND FUTTERTASCHE NÄHEN

2. Falte die Futtertasche mittig rechts auf rechts. Nähe die kurzen Seiten innerhalb der Nahtzugabe zusammen. Die Nahtzugaben auf 3 mm kürzen. Diesen Schritt für die Außentasche aus Oberstoff wiederholen und diese auf links wenden.

VERSCHLUSSBAND VORBEREITEN

3. Falte den Kunstlederstreifen für das Verschlussband links auf links zusammen und nähe ihn an der offenen Kante innerhalb der Nahtzugabe zusammen. Schneide die Nahtzugabe auf ca. 3 mm vor die Naht zurück.

ETUI-KLAPPE NÄHEN

4. Lege das Verschlussband senkrecht vor dich hin und die linke Stoffseite der Etui-Klappe aus Futterstoff mittig darauf. Der Anfang des Bands sollte ca. 2 cm über die Spitze hinausragen.

5. Fixiere es mit einem Clip. Lege dann die Taschenklappe aus Kunstleder rechts auf rechts darauf und fixiere die Stoffschichten mit Clips. Gemäß der eingezeichneten Markierung auf dem Bild zusammennähen.

6

7

8

9

6. Schräge die Ecken der Nahtzugabe ab und wende die Taschenklappe auf rechts. Die Ecken ausformen, die Kanten von der Futterseite aus bügeln und danach von der Vorderseite aus knappkantig absteppen.

AUSSENTASCHE UND TASCHENFUTTER ZUSAMMENNÄHEN

7. Stecke die Etuiklappe rechts auf rechts an die obere Kante der Rückseite der Außentasche und nähe sie knappkantig fest.

8. Stecke nun die Außentasche rechts auf rechts in die Futtertasche und fixiere alle Stofflagen. Achte darauf, dass die Taschenklappe und das Verschlussband zwischen den beiden Taschenlagen liegen. Die obere Kante ringsum bis auf eine 10 cm große Wendeöffnung an der Vorderseite zusammennähen. Schneide die Nahtzugabe auf 3 mm vor der Naht zurück, spare aber die Wendeöffnung aus.

9. Wende das Etui auf rechts, klappe die Nahtzugabe der Wendeöffnung nach innen und steppe die gesamte Kante des Etuis, auch die Rückseite mit der Etuiklappe, noch einmal knappkantig ab. Verschließe das Sonnenbrillen-Etui, indem du das Verschlussband mehrfach herumwickelst. Du kannst es noch auf die gewünschte Länge kürzen und das Ende mit einem Knoten versehen.

◀◀ TIPP ▶▶

Damit ein schönes Stichbild entsteht, verwende ein Teflonfüßchen beim Nähen. Wenn du keines zur Hand hast, klebe auf die Unterseite des normalen Nähfüßchens Masking Tape. Dadurch gleitet es besser über das Kunstleder.

YOGAMATTEN-TASCHE LIVA

Damit deine Yogamatte auch bei Wind und Wetter geschützt ist, kannst du dir eine individuelle Tasche nähen. Im Reißverschlussfach kannst du wunderbar Kleinkram verstauen.

mittel

Maße: 70 x 25 cm

MATERIAL

Der Stoffverbrauch bezieht sich auf eine Stoffbreite von 110 cm. Im Schnittmuster ist bereits 1 cm Nahtzugabe enthalten. Die Materialangaben beziehen sich auf eine Yogamatte mit den Maßen 170 x 60 x 1 cm.

- **Oberstoff in Grau:** 60 cm
- **Mesh in Pink:** 30 cm
- 20 cm langer Reißverschluss in Pink, 2,5 cm breit
- 90 cm Kordel in Pink, Ø 5 mm
- 2x 28,5 cm Webband in Grau
- 2 kleine Reste SnapPap
- 95 cm Gurtband in Pink, 2,5 cm breit

ZUSCHNITT

- **Aus Oberstoff**
  2x Seitenteil: 28,75 x 80 cm
  1x Taschenboden (SB 1)
- **Aus Mesh**
  1x Reißverschlusstasche oben: 25 x 7 cm
  1x Reißverschlusstasche unten: 25 x 23,75 cm

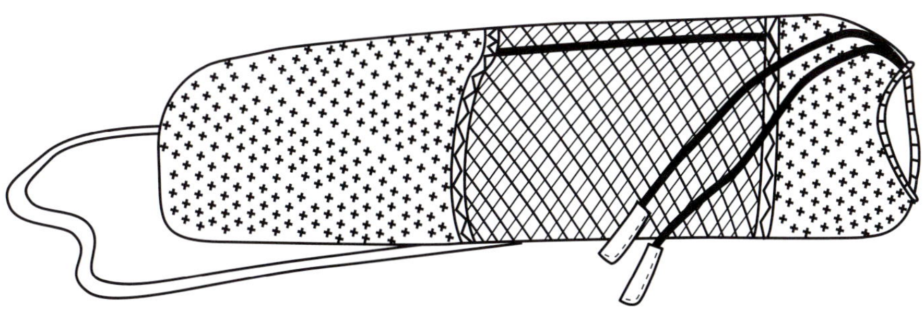

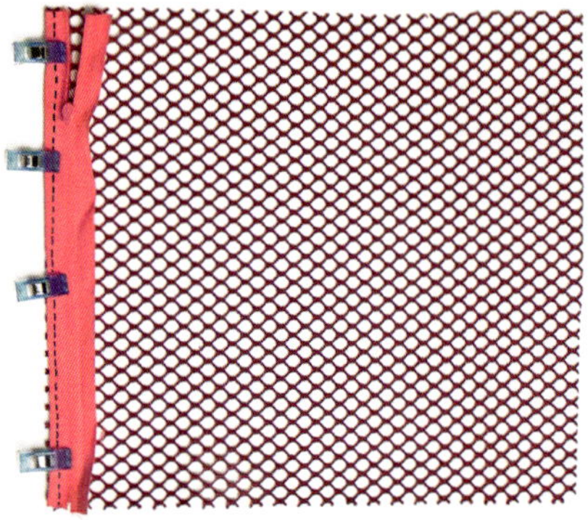

1

2

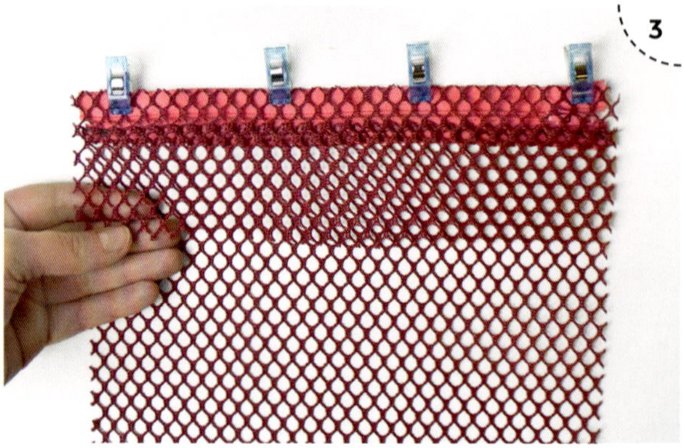

3

4

REISSVERSCHLUSSFACH AUS MESH NÄHEN

1. Lege den Reißverschluss rechts auf rechts auf das größere Taschenteil aus Mesh und nähe ihn innerhalb der Nahtzugabe fest.

2. Steppe nun das Taschenteil von der rechten Seite noch einmal fest.

3. Stecke nun das kleinere Taschenteil rechts auf rechts an die obere Kante des Reißverschlusses und nähe es wie zuvor beschrieben fest und steppe sie ebenfalls von der rechten Seite aus knappkantig ab.

TASCHE NÄHEN

4. Nun steckst du das Reißverschlussfach mittig links auf rechts auf ein Schnittteil der Taschenseiten. Ringsherum knappkantig festnähen.

5

6

7

8

5. Stecke nun das Webband an die langen Seiten des Reißverschlussfachs. Das Band verdeckt so die offenen Kanten. Steppe das Band an der linken und rechten Kante knappkantig fest.

6. Lege nun die zweite Taschenseite rechts auf rechts auf und nähe die langen Kanten zusammen.

7. An einer Seite für den Tunnelzug 7 cm offen lassen. An der Naht setzt du noch einmal quer eine enge Zickzacknaht innerhalb der Nahtzugabe, um die spätere Tunnelzugöffnung zu stabilisieren. Anschließend die Nahtzugaben versäubern.

8. Nun wird der Taschenboden an den zusammengenähten Seitenteilen rechts auf rechts festgesteckt. Verteile den Stoff beim Zusammenstecken gleichmäßig und fixiere an einer der Seitennähte ein Ende des Gurtbandes. Achte darauf, dass es so angebracht ist, dass die kurze Seite des Reißverschlussfachs oben liegt und es später nicht auf dem Kopf steht. Nähe den Boden fest und versäubere anschließend diese Nahtzugabe und die an der oberen Kante, wo später der Tunnelzug sitzt. Die Tasche wenden.

9

10

11

12

TUNNELZUG NÄHEN

9. Bügle die Nahtzugabe der oberen Kante 1 cm nach innen und danach ebenfalls die Nahtzugaben der Öffnung für den Tunnelzug. Steppe die Nahtzugaben der Tunnelöffnung knappkantig ab.

10. Für den Tunnelzug die Kante nochmals 3 cm nach innen umbügeln und ringsum knappkantig feststeppen.

TRAGERIEMEN BEFESTIGEN

11. Schlage das Gurtband am Ende 1 cm ein und nähe es 12 cm von der Oberkante mittig auf die Seitennaht. Hierfür zunächst ein Quadrat aufsteppen und dann noch einmal über Kreuz nähen. Achte darauf, dass das Gurtband nicht verdreht ist.

KORDELSTOPPER UND KORDELENDEN NÄHEN

12. Die Kordel mithilfe einer Sicherheitsnadel durch den Tunnel ziehen. Am besten klebst du die Kordelenden vorher mit Klebeband ab, damit die Kordel nicht aufribbelt.

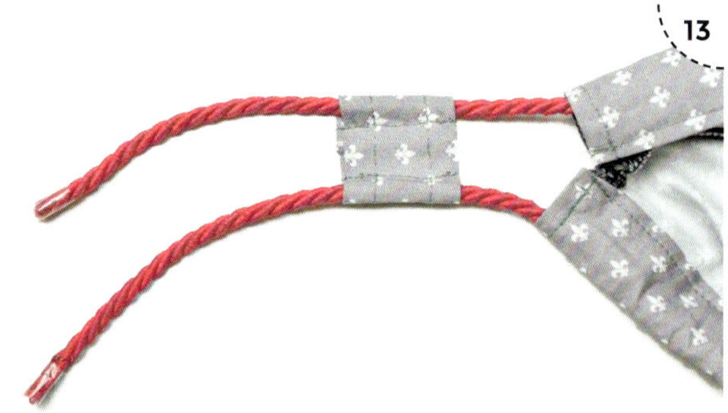

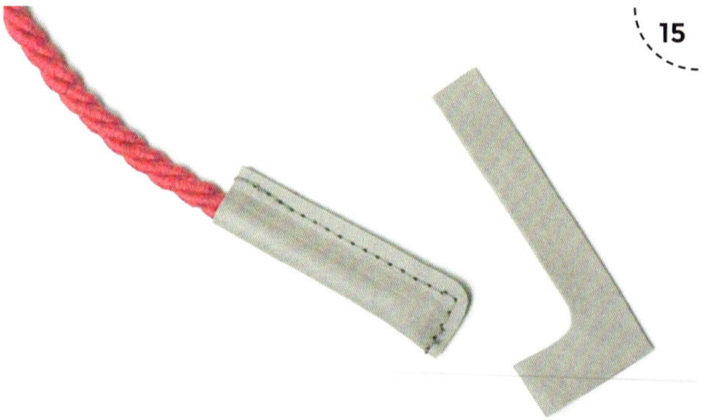

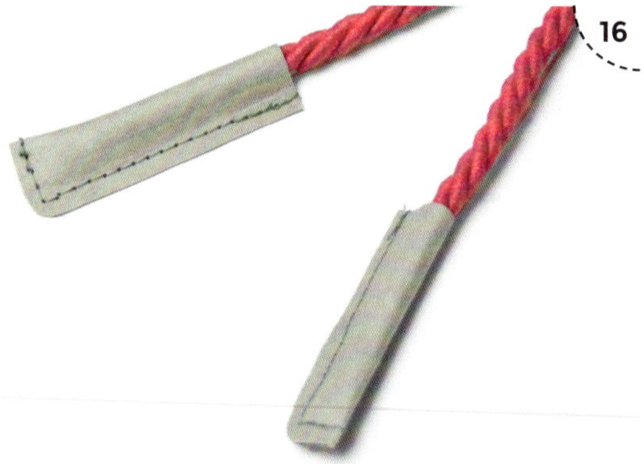

13. Nähe einen Kordelstopper wie im Grundlagenteil auf Seite 24 beschrieben und fädle ihn auf die Kordel auf.

14. Die Kordelenden kannst du einfach verknoten, damit sie nicht aufribbeln oder du verzierst sie mit SnapPap- oder Kunstlederresten. Schneide dir hierfür ein großzügiges Rechteck zurecht und trage in der Mitte Textilkleber auf. Lege das Kordelende darauf.

15. Klappe das Rechteck zusammen und fixiere es zusätzlich mit einer knappkantigen Naht. Dafür eignet sich der Reißverschlussfuß sehr gut, da du mit ihm sehr nah an der Kordel nähen kannst. Schneide das überstehende SnapPap oder Kunstleder bis kurz vor die Naht zurück.

16. Wiederhole den Schritt 15 für das zweite Kordelende und schon geht es entspannt in die nächste Yoga-Stunde.

PINSELROLLE TESSA

Um Make-up-Pinsel und Applikatoren sicher zu verstauen, eignet sich eine Pinselrolle besonders gut. Mit 14 Steckfächern ist „Svenja" ein richtiges Platzwunder.

easy

Maße: 31 x 20 cm

MATERIAL

Der Stoffverbrauch bezieht sich auf eine Stoffbreite von 110 cm. Im Zuschnitt ist bereits 1 cm Nahtzugabe enthalten.

- **Oberstoff:** 40 cm Baumwollstoff in Blau mit weißen Streifen
- **Futterstoff:** 40 cm Baumwollstoff Grün mit weißen Streifen
- **Vlieseline H630:** 30 cm
- Knopf, Ø 2,5 cm

ZUSCHNITT

- **Aus Oberstoff**
  1x Außentasche: 33 x 30 cm
- **Aus Futterstoff**
  1x Futtertasche: 33 x 30 cm
- **Aus Ober- oder Futterstoff**
  1x Innenfach: 33 x 28 cm
  1x Verschlussband: 12 x 4 cm
- **Aus Vlieseline H630**
  1x Futtertasche: 33 x 30 cm

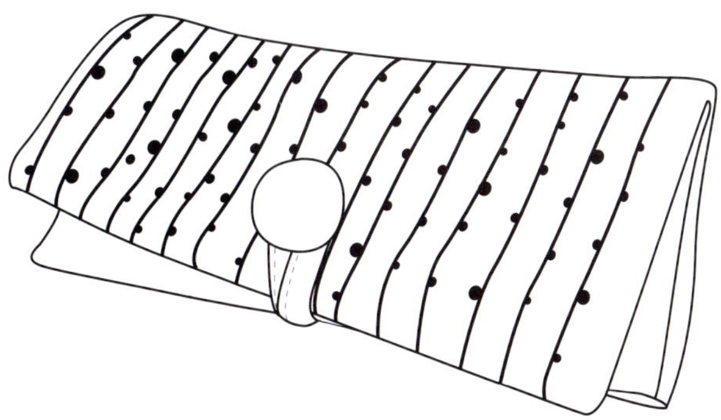

2

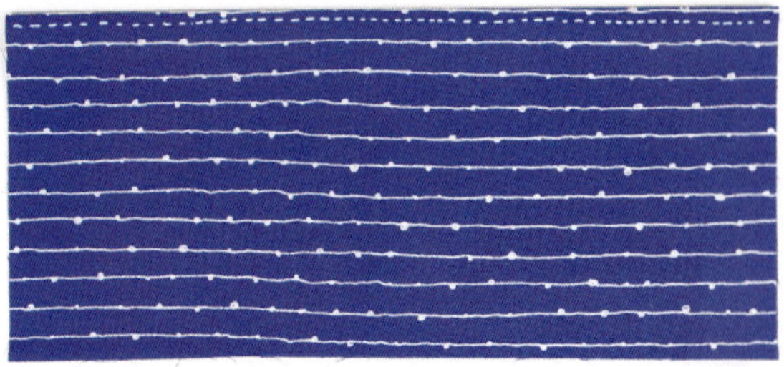

3

4

5

SCHNITTTEILE VORBEREITEN

1. Bereite alle Schnittteile vor und bügle die Vlieseline auf die linke Stoffseite der entsprechenden Schnittteile.

FUTTERTASCHE VORBEREITEN

2. Falte das Schnittteil des Innenfachs (hier aus Oberstoff) mittig, sodass ein Rechteck mit den Maßen 33 x 14 cm entsteht. Steppe die obere Kante knappkantig ab.

3. Lege das Innenfach links auf rechts auf die Futtertasche und fixiere es. Markiere dir nun die Nahtlinien für die Pinselfächer mit Schneiderkreide oder einem Markierstift. Am linken und rechten Rand sind die Fächer 3,5 cm breit, die restlichen 2 cm. Nähe nun, ausgehend von der unteren Kante, die einzelnen Fächer entlang der Linien.

VERSCHLUSSBAND NÄHEN

4. Nähe dir nun ein Verschlussband. Folge dafür dem Prinzip für die Trageriemen, das auf Seite 27 gezeigt wird.

5. Forme aus dem Streifen eine Schlaufe und fixiere ihn mit den offenen Kanten 11 cm von der unteren Stoffkante auf der linken Seite der Futtertasche.

6

7

8

9

AUSSEN- UND FUTTERTASCHE ZUSAMMENNÄHEN

6. Fixiere die Außentasche rechts auf rechts auf der Futtertasche und nähe die Stofflagen ringsum bis auf eine Wendeöffnung von ca. 10 cm an der Oberkante zusammen. Schräge die Kanten ab, kürze die Nahtzugaben, außer für die Wendeöffnung, auf 3 mm vor die Naht und wende die Pinselrolle. Die Ecken mithilfe eines Stäbchens ordentlich ausformen.

7. Klappe die Nahtzugabe der Wendeöffnung nach innen und bügle die Kanten. Ringsum knappkantig absteppen und gleichzeitig die Wendeöffnung damit schließen.

8. Klappe die obere Kante bis zum Beginn des Innenfachs um und bügle sie. Wieder öffnen und die entstandene Markierung absteppen.

PINSELROLLE FERTIGSTELLEN

9. Klappe die Pinselrolle gedrittelt zusammen. Bringe auf der Vorderseite in Höhe der Schlaufe einen Knopf an.

◀◀ TIPP ▶▶

Natürlich kannst du die Rolle auch für Stifte oder deine Strick- und Häkelnadeln verwenden.

MALU WILZ
LOVE STORY

KOSMETIKTASCHE LIANA

Damit keine Frau mehr auf ihre Tuben und Döschen verzichten muss, hat Liana integrierte Fächer und lässt sich durch Aufstellen der Klappe sogar vergrößern.

schwer

Maße: 30 x 20 x 8 cm

MATERIAL

Der Stoffverbrauch bezieht sich auf eine Stoffbreite von 110 cm. Im Schnittmuster ist bereits 1 cm Nahtzugabe enthalten.

- **Oberstoff:** 30 cm Baumwollstoff in Pastell-gemustert
- **Futterstoff:** 30 cm Baumwollstoff in Rosé
- **Kunstleder in Rosé:** 20 cm
- **Soft & Stable oder Style-Vil:** 30 cm
- 55 cm Endlosreißverschluss in Kupfer mit 2 Schiebern, 3 cm breit
- 20 cm Endlosreißverschluss in Kupfer mit Schieber, 3 cm breit
- 35 cm Gummiband, 8 mm breit

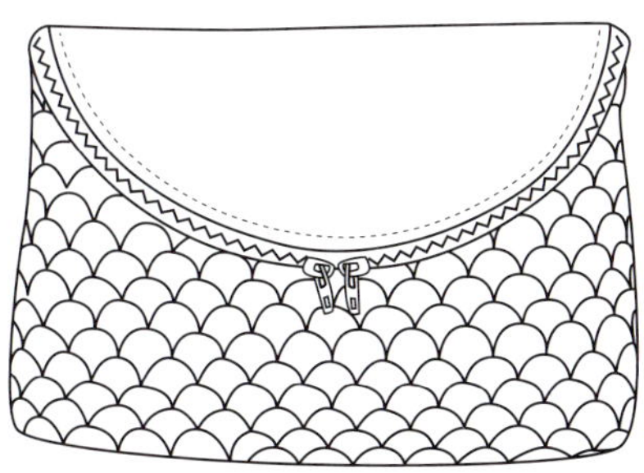

ZUSCHNITT

Aus Oberstoff
2x Außen-/Futtertasche (SB 1)
1x Steckfach innen: 32 x 39 cm
2x Reißverschluss-Endstücke: 10 x 3 cm

Aus Futterstoff
2x Außen-/Futtertasche (SB 1)

Aus Ober- oder Futterstoff
2x Taschenklappe (SB 2)
2x Reißverschlussfach: 22 x 18 cm

Aus Kunstleder
2x Taschenklappe (SB 2)

Aus Soft & Stable bzw. Style-Vil
2x Außen-/Futtertasche (SB 1), umlaufend 1 cm größer zuschneiden

2

3

4

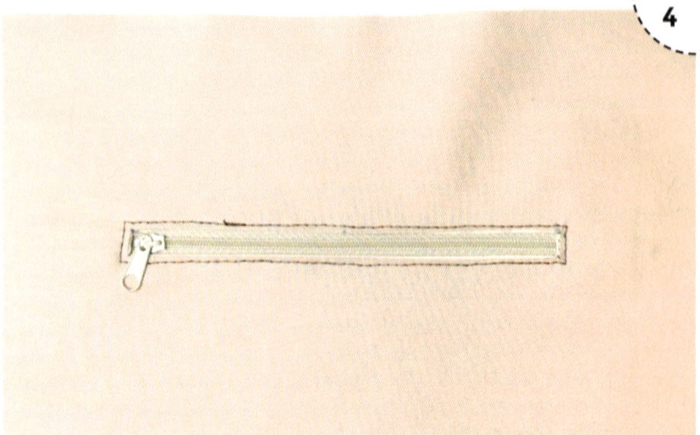

5

SCHNITTTEILE VORBEREITEN

1. Bereite alle Schnittteile vor und nähe die Einlage aus Soft & Stable bzw. Style-Vil auf die linke Stoffseite der entsprechenden Schnittteile. Der Stoff sollte dabei straff gespannt sein. Schneide die überstehenden Ränder ab.

INNENFACH MIT GUMMIZUG UND REISSVERSCHLUSSFACH NÄHEN

2. Falte das Schnittteil des Innenfachs der Länge nach und steppe es mit 1 cm Abstand zur Bruchkante ab. Dies ist ein Tunnel. Die offenen, unteren Kanten versäubern.

3. Bügle die versäuberte Kante 1 cm auf die linke Seite um und stecke das Innenfach links auf rechts, 6 cm von der unteren Kante entfernt, auf ein Futtertaschenteil. Steppe es entlang der Seiten und der Unterkante knappkantig fest.

Das Gummiband mithilfe einer Sicherheitsnadel durch den Tunnel an der oberen Kante ziehen und das Schnittteil auf die Hälfte des Gummibandes raffen. Fixiere das Gummiband mit einer kurzen Naht, indem du die Tunnelöffnungen knappkantig absteppst. Ziehe den Gummizug nun auf die Breite der Futtertasche und stecke die Innentaschenkanten an dieser fest. Beide Kanten knappkantig festnähen.

4. Nähe in das zweite Futtertaschenteil ein Reißverschlussfach, wie auf Seite 22 gezeigt, ein. Die Schablone für den Reißverschluss findest du auf dem Schnittmusterbogen 1 (SB 1).

5. Stecke nun die beiden Taschenklappen aus Futterstoff jeweils rechts auf rechts auf die Futtertaschenteile und nähe sie zusammen.

6

7

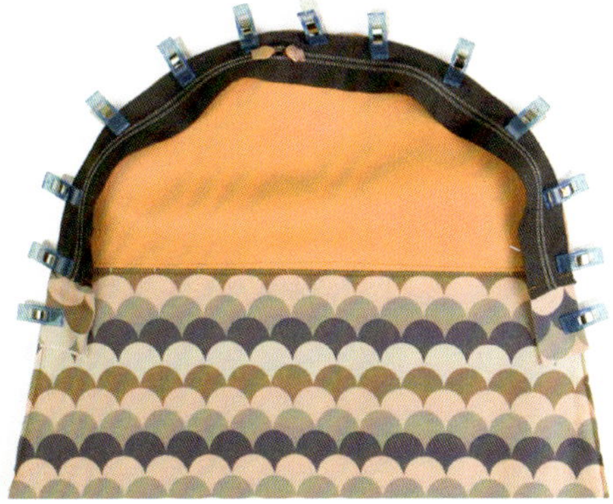

8

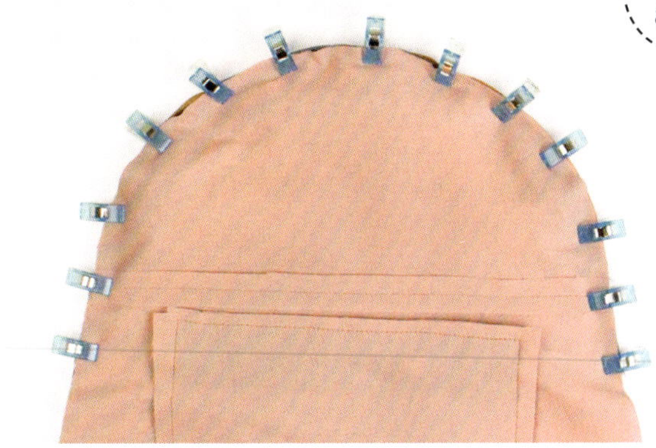

9

AUSSEN- UND FUTTERTASCHE ZUSAMMENNÄHEN

6. Stecke die Taschenklappen aus Kunstleder jeweils rechts auf rechts auf die Außentaschenteile und nähe sie zusammen. Klappe die Nahtzugaben auseinander und steppe sie von der rechten Stoffseite aus knappkantig neben der Naht noch einmal fest.

7. Bereite den Reißverschluss wie auf Seite 21 gezeigt vor. Fädle aber zwei Schieber auf – einen auf der linken und einen auf der rechten Reißverschlussseite, die Schieber zeigen zueinander. Stecke den Reißverschluss nun rechts auf rechts so auf ein Außentaschenteil, dass die Bruchkante der Reißverschluss-Endstücke bündig mit der Naht von Tasche und Klappe abschließen. Stecke ihn gleichmäßig entlang der Rundung der Taschenklappe fest.

8. Stecke nun darauf rechts auf rechts ein Futtertaschenteil fest und nähe eine Naht von Reißverschluss-Endstück zu Reißverschluss-Endstück. Schneide die Nahtzugaben an den Endstücken sowie entlang der Rundung am Reißverschluss bis kurz vor die Naht ein.

9. Wende die Taschenteile, sodass der Reißverschluss außen liegt, und steppe die Rundung entlang des Reißverschlusses inklusive der Endstücke knappkantig ab.

10

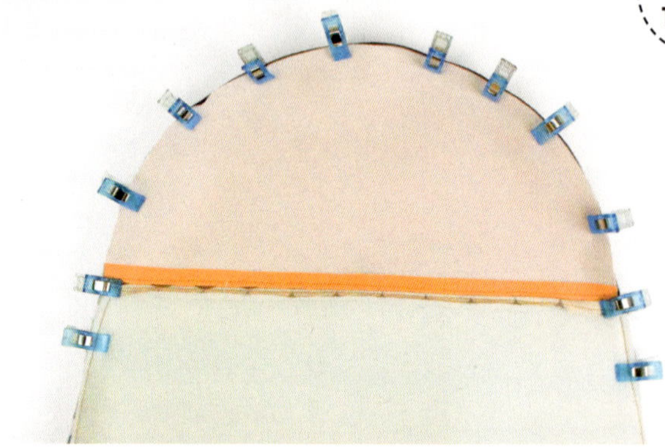

11

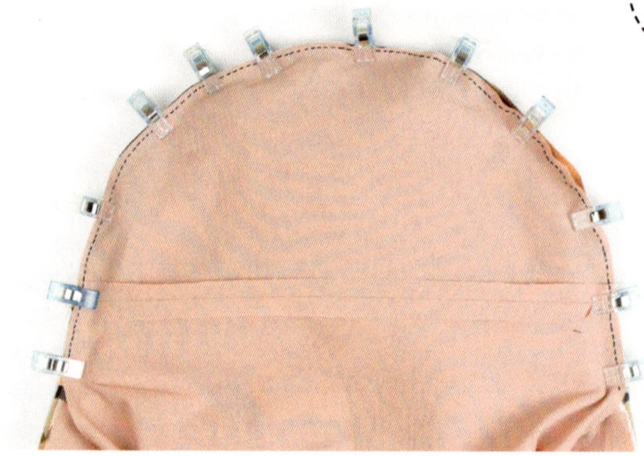

12

13

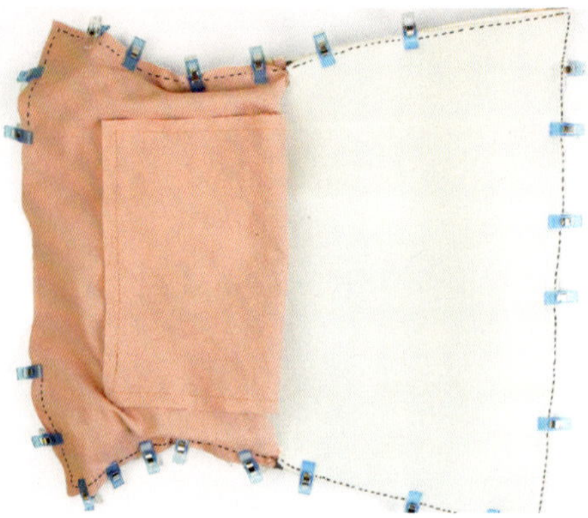

10. Nun das zweite Außentaschenteil rechts auf rechts entlang der anderen Reißverschlussseite feststecken und festnähen, drehen und auf der anderen Seite rechts auf rechts das Futtertaschenteil feststecken.

11. Alle Stofflagen mit dem Reißverschluss dazwischen zusammenstecken und festnähen. Schneide die Nahtzugaben an den Endstücken sowie entlang der Rundung am Reißverschluss bis kurz vor die Naht ein.

12. Steppe nun 1 cm entfernt vom ersten und letzten Einschnitt der Nahtzugaben eine Naht innerhalb der Nahtzugabe, damit später bei der fertigen Tasche an den Reißverschluss-Endstücken keine Öffnung bleibt.

13. Ziehe die Tasche nun so auseinander, dass jeweils Futtertasche auf Futtertasche und Außentasche auf Außentasche rechts auf rechts liegen. Öffne den Reißverschluss vollständig. Die Taschenteile fixieren, mit einer Naht die Außentaschenteile zusammennähen und mit einer zweiten Naht die Futtertaschenteile. Hier eine Wendeöffnung von 15 cm lassen. Alle Nahtzugaben auf 3 mm vor die Naht kürzen, die Wendeöffnung dabei aussparen.

14

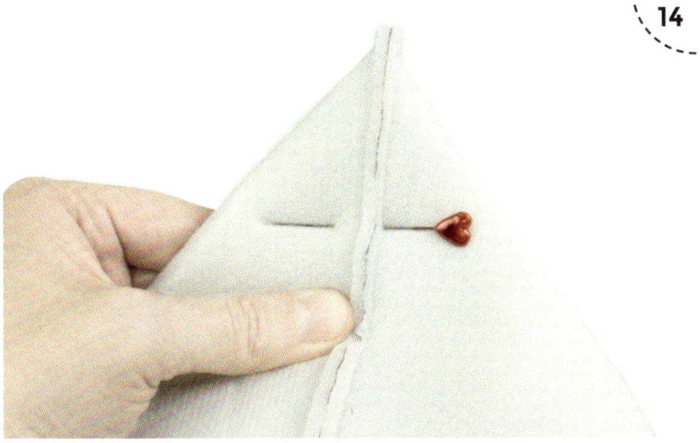

15

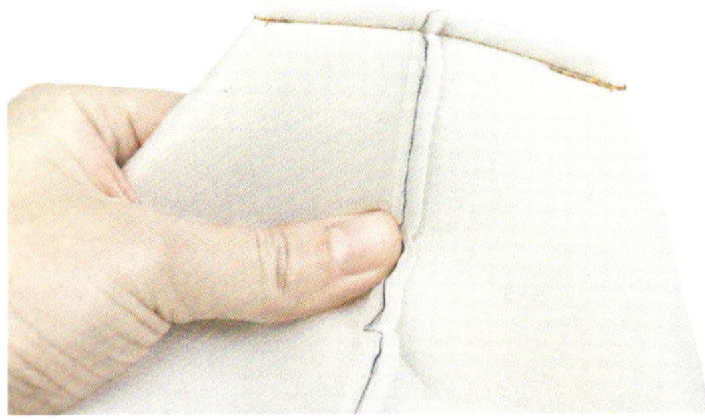

16A

16B

▲ TASCHENBODEN NÄHEN

14. Die Nahtzugabe an den Ecken der Außen- und Futtertasche abschrägen. Die Ecken werden nun so gefaltet, dass die Seiten- und Bodennähte aufeinander treffen. Mit einem Abstand von 5 cm zur Ecke eine Nadel einstecken.

15. An dieser Stelle quer abnähen und die Ecke schließlich knapp neben der Naht abschneiden. Bei der Futtertasche wiederholen.

▲ TASCHE FERTIGSTELLEN

16. Wende die Kosmetiktasche durch die Wendeöffnung und den geöffneten Reißverschluss. Die Wendeöffnung mit einer knappkantigen Naht verschließen. Die Taschenklappe so nach vorn klappen, dass die abgesteppte Naht am Reißverschluss oben liegt.

AUTO-ORGANIZER LIZ

Im Auto haben wir gern alles griffbereit an einem Platz. Mit einer Schlaufe wird das Utensilo um den Schalthebel gehängt, Halt bekommt es durch die Klettstreifen an der Unterseite.

schwer

Maße: 22 x 18 x 12 cm

MATERIAL

Der Stoffverbrauch bezieht sich auf eine Stoffbreite von 110 cm. Im Schnittmuster ist bereits 1 cm Nahtzugabe enthalten.

- **Oberstoff:** 50 cm Baumwollstoff in Hellgrau und Kiwi
- **Futterstoff:** 50 cm Baumwollstoff in Kiwi
- **SnapPap in Taupe:** 22 x 9 cm
- **Soft & Stable oder Style-Vil:** 60 cm
- **Vlieseline H180:** 25 cm (optional, bei dünnen Baumwollstoffen)
- Ca. 45 cm (oder mehr) Gurtband in Taupe, 2,5 cm breit
- 20 cm Reißverschluss oder Endlosreißverschluss mit Schieber, 2,5 cm breit
- 2 Kam Snaps
- 37 cm Klettband

ZUSCHNITT

- **Aus Oberstoff**
  2x Außen-/Futtertasche (SB 1)
  1x Vortasche: 24 x 32 cm
  2x Steckfach innen (optional): 24 x 24 cm
- **Aus Futterstoff**
  2x Außen-/Futtertasche (SB 1)
  2x Steckfach außen: 24 x 17 cm
  2x Reißverschlussfach innen: 20 x 16 cm
- **Aus Soft & Stable oder Style-Vil**
  2x Außen-/Futtertasche (SB 1)
- **Aus Vlieseline (optional):**
  1x Vortasche 24 x 32 cm
  2x Steckfach innen: 20 x 16 cm
- **Aus SnapPap**
  1x Taschenklappe Vortasche (SB 1)

1

2

3

4

SCHNITTTEILE VORBEREITEN

1. Bereite alle Schnittteile vor und nähe die Einlage aus Soft & Stable bzw. Style-Vil auf die linke Stoffseite der angegebenen Schnittteile. Der Stoff sollte dabei straff gespannt sein. Schneide die überstehenden Ränder ab. Bei dünnen Stoffen kannst du die Schnittteile der Steckfächer innen noch mit Vlieseline H180 verstärken. Wenn du ein Reißverschlussfach und Steckfach in die Futtertasche einnähen möchtest, nähe sie in je ein Futtertaschenteil, wie auf Seite 22 und 24 beschrieben, ein. Positioniere ein Schnittteil des Reißverschlussfachs 3 cm von der oberen Kante entfernt auf ein Futtertaschenteil. Die Schablone für den Reißverschluss findest du auf dem Schnittmusterbogen 1 (SB 1).

VORTASCHE UND STECKFACH FÜR DIE AUSSENTASCHE NÄHEN

2. Steppe die Taschenklappe aus SnapPap knappkantig ab und lege sie rechts auf rechts auf ein Schnittteil des Steckfachs außen. Lege darüber rechts auf rechts das zweite Schnittteil des Steckfachs und nähe alles an der oberen Kante zusammen.

3. Klappe die beiden Steckfachteile links auf links zusammen, bügle die genähte Kante, steppe sie knappkantig ab.

4. Falte nun das Schnittteil der Vortasche links auf links zusammen, bügle die obere Kante und steppe sie knappkantig ab. Auf dem Steckfach fixieren, die Mittellinie mit Schneiderkreide oder einem Trickmarker markieren und entlang dieser eine Trennung nähen.

5

6

7

8

5. Kam Snaps, wie auf Seite 19 gezeigt, anbringen und die Nahtzugaben der offenen Kanten versäubern.

6. Bügle die versäuberten Nahtzugaben jeweils 1 cm nach innen, stecke die Vortasche mit Steckfach links auf rechts auf ein Außentaschenteil und nähe sie an den drei Kanten knappkantig fest. Nähe auf diesem sowie am zweiten Außentaschenteil einen Streifen Klettband (Hakenseite) von 18,5 cm mittig auf der unteren Lasche auf, indem du ringsum und noch einmal über Kreuz nähst.

▲ AUSSENTASCHE ZUSAMMENNÄHEN

7. Fixiere die beiden Außentaschenteile rechts auf rechts und nähe die 3 langen Kanten zusammen.

8. Die noch offenen Ecken nun jeweils so falten, dass die beiden Nähte von Boden und Taschenseite aufeinandertreffen. Fixieren und zusammennähen.

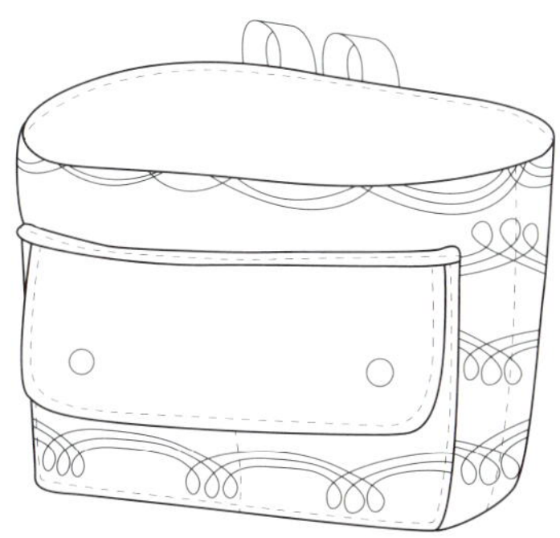

9

11

12

▲ GURTBAND ANNÄHEN

9. Wende die Außentasche und markiere dir die Mitte auf der Rückseite der rechten Stoffseite. Lege nun das Gurtband in einer Schlaufe darauf und fixerie es. Darauf achten, dass das Gurtband nicht verdreht ist. Noch einmal knappkantig festnähen.

▲ FUTTERTASCHE NÄHEN

10. Nähe nun die Futtertaschenteile genauso zusammen wie die Außentasche (siehe Schritt 7 und 8). An der unteren Kante aber eine Wendeöffnung von ca. 12 cm lassen.

▲ AUSSEN- UND FUTTERTASCHE ZUSAMMENNÄHEN

11. Stecke nun die Außentasche rechts auf rechts in die Futtertasche. Achte darauf, dass die Reißverschlusstasche hinten liegt und mit der Gurtband-Seite der Außentasche zusammentrifft. Fixiere die obere Kante und nähe sie ringsum zusammen. Wende die Tasche.

12. Schließe die Wendeöffnung mit einer knappkantigen Naht, bügle die obere Kante, stecke sie aufgrund der Materialdicke noch einmal mit Nadeln zusammen und nähe sie ringsum knappkantig ab.

EMF

TASCHEN-ORGANIZER HEDI

Wir Frauen haben viele Handtaschen. Damit man die vielen Kleinigkeiten schnell beisammen hat und auch gut von einer in die andere Tasche umräumen kann, ist so ein Organizer toll.

mittel

Maße: 21 x 15 x 5 cm

MATERIAL

Der Stoffverbrauch bezieht sich auf eine Stoffbreite von 110 cm. Im Schnittmuster ist bereits 1 cm Nahtzugabe enthalten.

- **Oberstoff:** 50 cm Baumwollstoff in Türkis-gemustert
- **Futterstoff:** 50 cm Baumwollstoff in Taupe
- **Vlieseline H630:** 30 cm
- **Vlieseline H200:** 40 cm
- 23 cm Reißverschluss oder Endlosreißverschluss, 2,5 cm breit
- 17 cm Reißverschluss oder Endlosreißverschluss, 2,5 cm breit
- 2x 30 cm Gurtband in Natur, 2,5 cm breit
- 8 cm Gurtband in Natur, 2,5 cm breit
- Karabiner für 2,5 cm breites Gurtband

ZUSCHNITT

Aus Oberstoff

- 1x Reißverschlusstasche außen oben: 23 x 5 cm
- 1x Reißverschlusstasche außen unten: 23 x 13 cm
- 1x Außentasche Rückseite: 23 x 17 cm
- 1x Steckfach innen: 23 x 24 cm
- 1x Boden: 57 x 7 cm
- 12x Reißverschluss-Endstücke: 10 x 3 cm

Aus Futterstoff

- 1x Reißverschlusstasche außen oben: 23 x 5 cm
- 1x Reißverschlusstasche außen unten: 23 x 13 cm
- 1x Reißverschlusstasche außen Rückseite: 23 x 17 cm
- 4x Steckfach 1 (SB 2)
- 2x Futtertasche: 23 x 17 cm
- 1x Steckfach 2: 23 x 24 cm
- 1x Boden: 57 x 7 cm

Aus Vlieseline H200

- 1x Reißverschlusstasche außen oben: 23 x 5 cm
- 1x Reißverschlusstasche außen unten: 23 x 13 cm
- 2x Steckfach 1 (SB 2)
- 1x Steckfach 2: 23 x 24 cm
- 1x Steckfach innen: 23 x 24 cm

Aus Vlieseline H630

- 1x Reißverschlusstasche außen Rückseite: 23 x 17 cm
- 1x Außentasche Rückseite: 23 x 17 cm
- 1x Boden: 57 x 7 cm

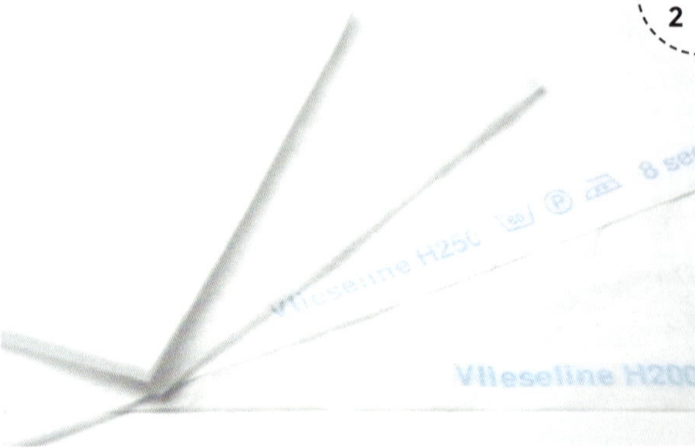

2

3

4

5

SCHNITTTEILE VORBEREITEN

1. Bereite alle Schnittteile vor und bügle die Vlieseline auf die linke Stoffseite der angegebenen Schnittteile.

REISSVERSCHLUSS VORBEREITEN

2. Damit der eingenähte Reißverschluss in der fertigen Tasche sauber aussieht, werden zunächst die Endstücke angebracht, wie bei der Foldover-Tasche Malou in Schritt 3 auf Seite 52 gezeigt wird. Wenn du einen Endlosreißverschluss verwendest, schneide ihn auf 27 cm zu und fädle den Schieber auf (siehe Seite 21).

ÄUSSERES REISSVERSCHLUSSFACH NÄHEN

3. Lege den Reißverschluss rechts auf rechts auf „Reißverschlusstasche außen unten" aus Oberstoff und platziere darüber rechts auf rechts die „Reißverschlusstasche außen unten" aus Futterstoff. Fixieren und festnähen. Nähe die Teile „Reißverschlusstasche außen oben" aus Ober- und Futterstoff ebenso an die andere Reißverschlussseite an.

4. Falte die Schnittteile ober- und unterhalb des Reißverschlusses jeweils links auf links, bügle die Kanten an der Reißverschlussseite und steppe sie knappkantig ab.

5. Lege nun das Schnittteil „Reißverschlusstasche außen Rückseite" links auf links darunter (die schönen Seiten des Futterstoffes schauen zueinander) und nähe alle Stofflagen ringsum knappkantig zusammen.

6

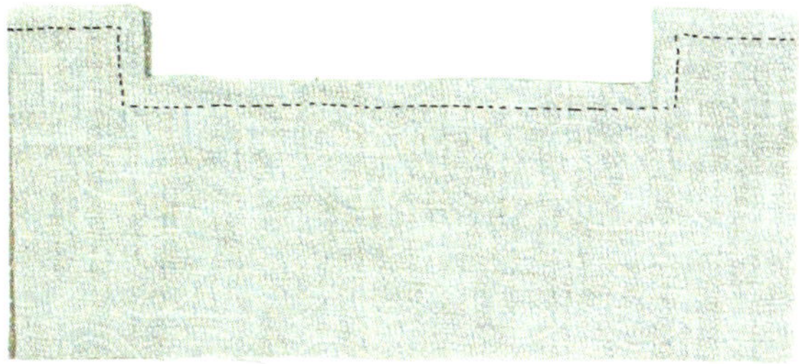

7

8

9

6. Lege nun jeweils 2 „Steckfach 1" rechts auf rechts und nähe sie an der oberen, gestuften Kante zusammen. Schräge die äußeren Ecken ab und schneide die inneren V-förmig ein. Wenden, Ecken ausformen und die Kante bügeln. Steppe die Kante noch einmal knappkantig ab.

7. Lege ein Steckfach nun links auf rechts an die untere Kante des äußeren Reißverschlussfachs und nähe es knappkantig an.

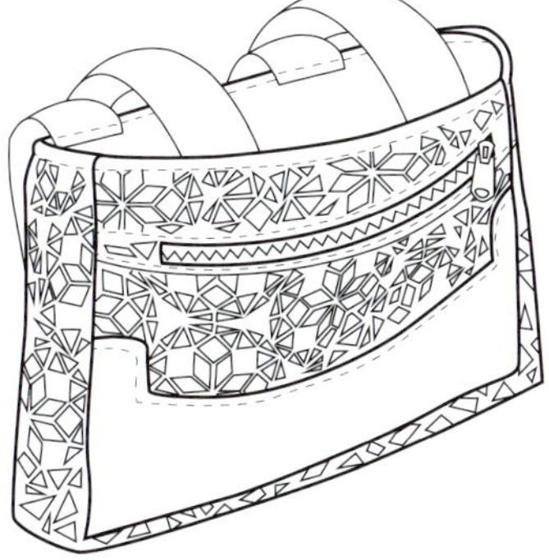

RÜCKWÄRTIGE AUSSENTASCHE NÄHEN

8. Falte das Steckfach 2 links auf links zusammen und steppe die Bruchkante knappkantig ab. Lege das zweite „Steckfach 1" an die Unterkante links auf rechts darauf und nähe es knappkantig fest. Markiere dir die Mitte des kleineren Steckfachs und nähe eine Unterteilungsnaht.

9. Fixiere die Steckfächer nun links auf rechts auf dem Schnittteil „ Außentasche Rückseite" und nähe sie knappkantig an.

10

11

12

13

AUSSENTASCHE ZUSAMMENFÜGEN

10. Markiere dir nun die Mitte des Bodenteils aus Oberstoff und der beiden Außentaschenteile an der unteren Kante und stecke von da aus das Bodenteil gleichmäßig rechts auf rechts an ein Außentaschenteil. Nähe das Bodenteil ringsherum an das Außentaschenteil. Das Bodenteil liegt beim Nähen oben.

11. Nähe das zweite Außentaschenteil genauso an. An den Ecken wird das Nähen etwas kniffelig und diese leicht rund. Die Nahtzugaben der Ecken abschrägen und Kanten nach dem Nähen bis 3 mm vor die Naht kürzen. Wenden und Ecken ausformen.

HALTESCHLAUFEN UND KARABINER ANBRINGEN

12. Fixiere die 30 cm langen Gurtbänder in einer Schlaufe an der Vorder- und Rückseite der Außentasche. Der Abstand zu den Nähten, wo Vorder- bzw. Rückseite und Bodenteil aufeinandertreffen, beträgt 4 cm. Achte darauf, dass die Gurtbänder nicht verdreht sind. Knappkantig festnähen.

13. Fädle nun das 8 cm lange Gurtband durch den Karabiner und falte es zu einer Schlaufe. Nähe es entlang des Karabiners ab. Benutze dafür das Reißverschlussfüßchen. Fixiere die Schlaufe mit dem Karabiner mittig an einer Seite des Bodenteils und nähe sie knappkantig fest.

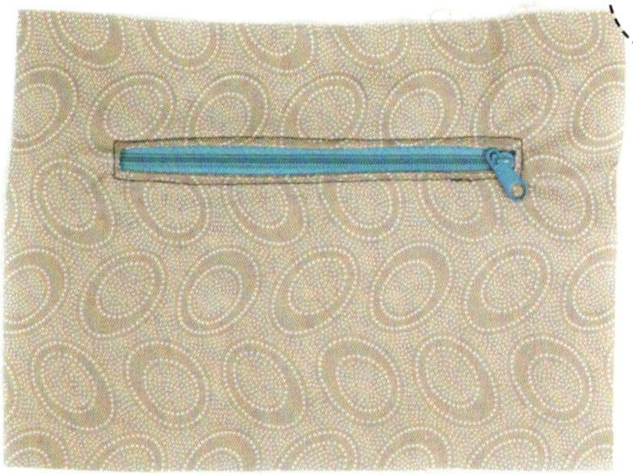
15

17

18

FUTTERTASCHE NÄHEN

14. Falte das Steckfach 2 aus Oberstoff links auf links zusammen, bügle die Kante und steppe sie knappkantig ab. Fixiere das Steckfach nun auf ein Futtertaschenteil und nähe es knappkantig fest. Wenn du magst, kannst du noch einen Druckknopf anbringen.

15. Nähe in das zweite Futtertaschenteil das Reißverschlussfach ein, wie auf Seite 22 gezeigt wird. Positioniere ein Schnittteil des Reißverschlussfachs 2 cm von der oberen Kante auf ein Futtertaschenteil. Die Schablone für den Reißverschluss findest du auf dem Schnittmusterbogen 2 (SB 2).

16. Nähe nun den Taschenboden, wie bei der Außentasche, an beide Futtertaschenteile an. Lass aber an einer der unteren Kanten eine Wendeöffnung von 12 cm.

AUSSEN- UND FUTTERTASCHE ZUSAMMENNÄHEN

17. Stecke die Außentasche rechts auf rechts in die Futtertasche, die oberen Kanten liegen bündig aufeinander, und nähe die obere Kante ringsum zusammen. Achte darauf, dass die Gurtbandschlaufen und der Karabiner im Tascheninneren liegen und dass die Nähte des Bodenteils genau aufeinander treffen.

18. Wende die Tasche, forme alle Ecken aus und verschließe die Wendeöffnung mit einer knappkantigen Naht. Bügle die obere Taschenkante, sodass die Naht genau im Bruch liegt, und steppe die Kante ringsum knappkantig ab. Der Karabiner wird dabei ins Tascheninnere geklappt. An dieser Stelle solltest du sehr langsam nähen, da die Materialschichten hier besonders dick sind.

BIKINITASCHE SVENJA

Fragst du dich auch immer, wohin mit dem nassen Badezeug? In der Bikinitasche ist dieser ab sofort dank des Innenfutters aus Wachstuch bestens aufgehoben!

mittel

Maße: 30 x 21 cm

MATERIAL

Der Stoffverbrauch bezieht sich auf eine Stoffbreite von 110 cm. Im Zuschnitt ist bereits 1 cm Nahtzugabe enthalten.

- **Oberstoff 1:** 25 cm Baumwollstoff in Grau gemustert
- **Oberstoff 2:** 25 cm Baumwollstoff in Rosé
- **Futterstoff:** 25 cm Wachstuch oder beschichteter Baumwollstoff in Grau-gemustert
- **falsche Paspel:** 92 x 3 cm Kunstleder oder 92 cm Paspelband in Kupfer
- 32 cm Reißverschluss oder Endlosreißverschluss mit Schieber, 3,5 cm breit

ZUSCHNITT

Aus Oberstoff 1

2x Außentasche Mitte: 18 x 23 cm

2x Reißverschluss-Endstück: 8 x 3,5 cm

Aus Oberstoff 2

4x Außentasche Seite : 9 x 23 cm

Aus Futterstoff

2x Futtertasche: 32 x 23 cm

Aus Kunstleder (oder Paspelband)

4x falsche Paspel: 23 x 3 cm

1x Halteschlaufe: 30 x 8 cm

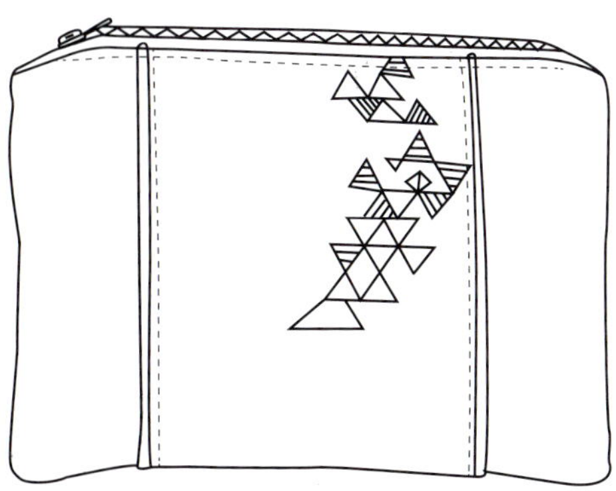

1

2

3

4

PASPELBAND ANBRINGEN

1. Falte die Kunstlederstreifen links auf links zusammen und stecke sie mit den offenen Kanten nach außen an die Schnittteile „Außentasche Mitte". Alternativ kannst du auch Paspelband verwenden. Nähfüßchenbreit annähen.

2. Fixiere zwei Schnittteile „Außentasche Seite" rechts auf rechts an einem Schnittteil „Außentasche Mitte" und nähe sie mit 1 cm Nahtzugabe an.

3. Klappe die Nahtzugaben nach innen zum Schnittteil „Außentasche Mitte" und steppe die Kanten knapp an der Paspel noch einmal ab.

REISSVERSCHLUSS ANNÄHEN

4. Damit der eingenähte Reißverschluss in der fertigen Tasche sauber aussieht, werden zunächst die Endstücke angebracht. Wenn du einen Endlosreißverschluss verwendest, schneide ihn auf 32 cm zu und fädle den Schieber auf (siehe Seite 21). Nähe die Reißverschlussendstücke an, wie bei Schritt 3 auf Seite 52 bei der Foldover-Tasche Malou gezeigt wird.

5A

5B

6

7

5. Lege den Reißverschluss nun rechts auf rechts auf ein Außentaschenteil, der Zipper liegt dabei unten (5A), und lege dann ein Futtertaschenteil rechts auf rechts darauf (5B). Die obere Kante mit dem Reißverschluss mit 1 cm Nahtzugabe festnähen. Nimm hierfür am besten dein Reißverschlussfüßchen.

6. Klappe die Taschenteile links auf links aufeinander und steppe die Kante neben dem Reißverschluss fest. Das verhindert, dass der Reißverschluss beim Öffnen und Schließen am Stoff stecken bleibt.

7. Lege nun das zweite Außentaschenteil bündig zur oberen Reißverschlusskante rechts auf rechts auf und fixiere es mit Clips. Danach drehst du alles, sodass die Futtertasche oben liegt. Nun das zweite Futtertaschenteil rechts auf rechts auflegen und fixieren. Der Reißverschluss liegt nun zwischen Innen- und Außentaschenteil. Nähe die zweite Reißverschlusshälfte knappkantig fest. Klappe die Taschenteile ebenfalls links auf links aufeinander und steppe die Kante neben dem Reißverschluss fest.

8

9

10

8. Nähe das Band für die Halteschlaufe nach dem Trageriemenprinzip (siehe Seite 27). Positioniere die Halteschlaufe auf der rechten Taschenseite 3 cm unterhalb des Reißverschlusses.

9. Lege nun jeweils die Innen- und Außentaschenteile rechts auf rechts aufeinander. Achte darauf, dass die Paspelbänder genau aufeinandertreffen und dass der Reißverschluss mindestens zur Hälfte geöffnet ist. Nähe nun einmal alles ringsum mit einer Nahtzugabe von 1 cm zusammen, wobei du am Boden der Futtertasche eine 18 cm große Wendeöffnung lässt.

10. Schräge die Ecken der Nahtzugabe ab und schneide diese bis auf die Wendeöffnung auf 3 mm zurück. Tasche wenden und Ecken ausformen. Die Wendeöffnung mit einer knappkantigen Naht schließen.

◀◀ TIPP ▶▶

Wenn du als Futter einen Baumwollstoff verwendest und diesen mit Vieseline H630 verstärkst, kannst du die Bikini-Tasche auch als Clutch verwenden.

KAMERATASCHE MADITA

Muss eine Kameratasche immer nach einer solchen aussehen? Natürlich nicht! In diesem schicken Exemplar finden eine SR-Kamera, Zubehör und sogar ein zweites Objektiv Platz.

schwer

Maße: 25 x 20 x 8 cm

MATERIAL

Der Stoffverbrauch bezieht sich auf eine Stoffbreite von 110 cm. Im Schnittmuster ist bereits 1 cm Nahtzugabe enthalten.

- **Oberstoff:** 50 cm Canvas in Grau mit blauen Punkten
- **Futterstoff:** 50 cm Baumwollstoff in Blau-weiß-gestreift
- **Korkstoff in Grau:** 27 cm x 20 cm
- **Soft & Stable oder Style-Vil:** 60 cm
- **Vlieseline H200:** 30 cm
- 140 cm Gurtband in Taupe, 2,5 cm breit
- 2 x 8 cm Gurtband in Taupe, 2,5 cm breit
- 2 D-Ringe für 2,5 cm breites Gurtband
- 2 Karabiner für 2,5 cm breites Gurtband
- 22 cm langer Reißverschluss oder Endlosreißverschluss, 2,5 cm breit
- 1 Kam Snap
- Drehverschluss

ZUSCHNITT

Aus Oberstoff
2x Taschenfront: 27 x 22 cm
2x Seitenteil (SB 1)
1x Boden: 27 x 10 cm

Aus Futterstoff
2x Taschenfront: 27 x 22 cm
2x Seitenteil (SB 1)
1x Boden: 27 x 10 cm
1x Taschenklappe (SB 1) im Stoffbruch
2x Reißverschlussfach: 27 x 20 cm
1x Steckfach: 27 x 30 cm

Aus Korkstoff
1x Taschenklappe (SB 1) im Stoffbruch

Aus Vlieseline H200
1x Taschenklappe (SB 1) im Stoffbruch

Aus Soft & Stable oder Style-Vil
2x Taschenfront: 27 x 22 cm
2x Seitenteil (SB 1)
1x Boden: 27 x 10 cm
zusätzliches Bodenpolster: 25 x 8 cm (optional)

2

3

4

5

SCHNITTTEILE VORBEREITEN

1. Bereite alle Schnittteile vor und nähe die Einlage aus Soft & Stable bzw. Style-Vil auf die linke Stoffseite der entsprechenden Schnittteile. Der Stoff sollte dabei straff gespannt sein. Schneide dann die Ränder der Einlage ab.

TASCHENKLAPPE NÄHEN

2. Fixiere die Taschenklappen aus Futterstoff und Korkstoff rechts auf rechts aufeinander und nähe sie zusammen. Die obere, gerade Kante bleibt ungenäht. Damit du besser um die Kurven nähen kannst, kannst du dir die Nahtlinie vor dem Nähen aufzeichnen.

3. Schneide die Nahtzugaben an den Rundungen und inneren Ecken V-förmig ein und danach auf 5 mm vor die Naht zurück. Wende die Klappe, forme die Rundungen aus und bügle die Kante so, dass die Naht genau im Bruch liegt. Steppe dann die Kante knappkantig ab.

TASCHENKÖRPER NÄHEN

4. Fixiere die Seitenteile aus Oberstoff rechts auf rechts auf einer Taschenfront aus Oberstoff und nähe sie fest. Danach fixierst du die zweite Taschenfront aus Oberstoff an den Seitenteilen und nähst sie ebenfalls an. Die Seitenteile liegen beim Nähen oben.

5. Fixiere nun den Taschenboden aus Oberstoff an der Unterseite des Taschenkörpers und nähe ihn fest. Achte darauf, dass die Nahtzugaben des Taschenkörpers auseinandergeklappt sind. Schneide die Ecken schräg ab und die Nahtzugabe auf 3 mm vor die Naht zurück.

6

7

8

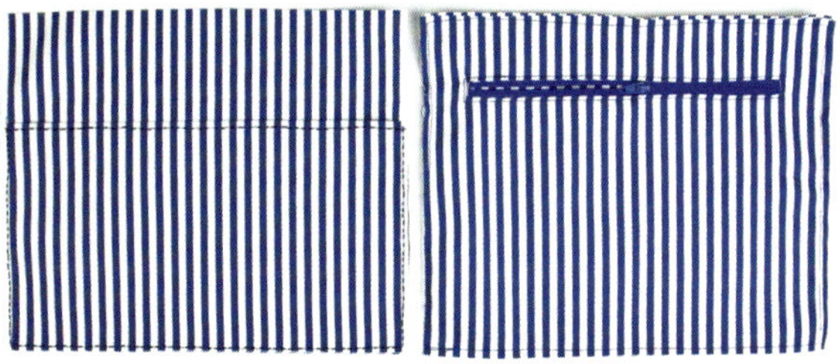

9

6. Nähe die Taschenklappe rechts auf rechts knappkantig an die Oberseite einer Taschenfront.

7. Fädle die 8 cm langen Gurtbänder auf die D-Ringe und forme sie zu Schlaufen. Nähe entlang der D-Ringe eine Naht, stecke die Gurtbänder an den Oberkanten der Seitenteile mittig fest und nähe sie knappkantig an.

8. Nähe in eine Taschenfront aus Futterstoff ein Reißverschlussfach, wie auf Seite 22 gezeigt wird. Die Schablone für den Reißverschluss findest du auf dem Schnittmusterbogen 1 (SB 1). Ebenso nähst du ein Steckfach knappkantig an die zweite Taschenfront aus Futterstoff. Klappe dafür das Schnittteil für das Steckfach links auf links zusammen, bügle die Bruchkante und steppe diese knappkantig ab. Wenn du magst, kannst du noch einen Druckknopf als Verschluss anbringen. Nun werden die Taschenseiten und der Taschenboden genauso angenäht wie bei der Außentasche. Die Nahtzugaben vorsichtig zurückschneiden.

AUSSEN- UND FUTTERTASCHE ZUSAMMENNÄHEN

9. Wenn du ein zusätzliches Bodenpolster wünschst, schneide dir aus Style-Vil oder Soft & Stable ein Bodenteil mit den Maßen 25 x 8 cm zu und lege es in die Außentasche. Stecke die Außentasche rechts auf rechts in die Futtertasche und nähe die Stofflagen an der oberen Kante bis auf eine Wendeöffnung von 18 cm zusammen. Achte darauf, dass die Taschenklappe und die beiden Gurtbandschlaufen mit den D-Ringen im Tascheninneren liegen.

10

11

TASCHE FERTIGSTELLEN

10. Bringe nun den Drehverschluss an, wie auf Seite 25 gezeigt wird. Verschließe dann die Wendeöffnung, indem du die Nahtzugaben nach innen klappst und die Taschenkante ringsum knappkantig absteppst.

11. Nun nähst du noch einen verstellbaren Gurt, wie auf Seite 26 gezeigt wird, und klippst ihn mit den Karabinern an die D-Haken. Und schon ist deine nicht nur praktische, sondern auch wirklich schöne Kameratasche einsatzbereit.

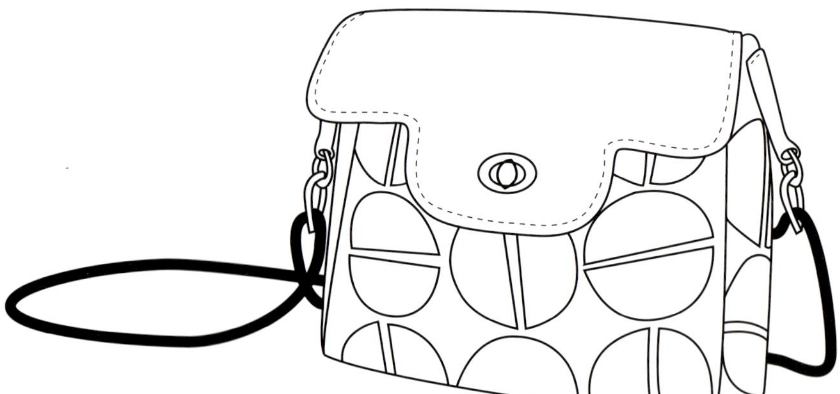

SHOPPER KRISTI

Dieser Shopper kommt ganz ohne Schnittmuster und Stoff aus! Alles, was du dafür brauchst, ist ein ziemlich langes Stück Kordel und eine Nähmaschine.

easy

Maße: 77 x 38 x 11 cm

MATERIAL

Der Stoffverbrauch bezieht sich auf eine Stoffbreite von 110 cm. Im Schnittmuster ist bereits 1 cm Nahtzugabe enthalten.

- 50 m Baumwollkordel, Ø 8 mm
- 3 Farben Nähgarn
- 2 Taschengriffe
- Universalnadel 90 für die Nähmaschine
- Polsternadel oder sehr starke Nähnadel
- Sternzwirn in der Farbe des Taschengriffs

TIPP

Nimm eine geflochtene Baumwollkordel, die schön weich ist. Eine gedrehte Kordel ist oft zu unflexibel und lässt sich schlecht nähen.

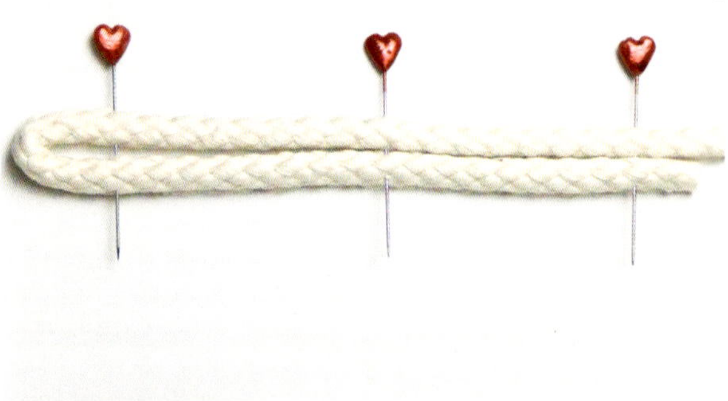

1

2

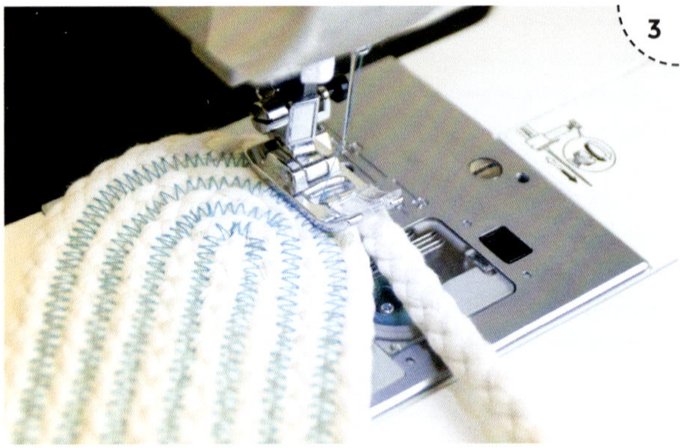

3

4

ANFANG NÄHEN

1. Versäubere zunächst den Kordelanfang mit einem Zickzack-Stich, damit er sich nicht weiter auflösen kann. Dann legst du den Kordelanfang in eine 18 cm lange Schlaufe und steckst diese mit Nadeln fest. Stelle an deiner Nähmaschine einen großen Zickzack-Stich ein und nähe den Anfang des Bodens. Beginne an der gelegten Schlaufe und verriegele die Naht, indem du ein paar Mal vor und zurück nähst. Achte darauf, dass der Spalt zwischen den Kordeln genau in der Mitte deines Nähfüßchens liegt und du mit dem Zick in eine und mit dem Zack in die andere Kordellage stichst. Drücke beim Nähen die Kordellagen zusammen, sodass keine Löcher entstehen.

2. Bist du am unteren Ende angekommen, wickelst du die Kordel weiter wie eine Schnecke auf und nähst um die Rundung. Dafür versenkst du die Nadel in die Kordel, hebst das Füßchen, drehst das Arbeitsstück etwas, senkst das Füßchen wieder und nähst einen Stich. Das wiederholst du, bis du die Rundung genäht hast.

BODEN NÄHEN

3. Nähe die Kordel weiter schneckenförmig zusammen. Je größer die Rundungen an den beiden Enden werden, desto besser lassen sich diese auch nähen.

ÜBERGANG ZU DEN TASCHENWÄNDEN

4. Wenn der Boden die Maße 28 x 11 cm erreicht hat, beginnst du die Seitenwände zu nähen. Dafür kurz nach einer Rundung den Boden um fast 90° anheben und so weiternähen. Halte den Boden in dieser Position, damit der Taschenrand gleichmäßig wird.

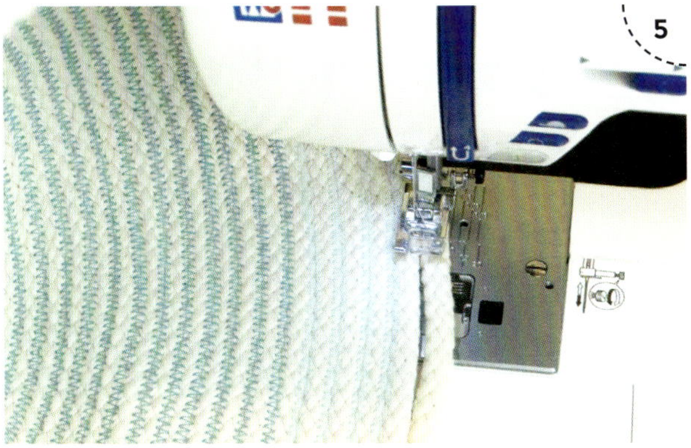

GARNFARBE WECHSELN

5. Wenn die Taschenwände 10 cm Höhe erreicht haben, wechsle die Garnfarbe. Schneide dafür die Garnenden lang ab, ohne vorher die Naht zu verriegeln. Ziehe den äußeren Faden mit einer Nadel ins Tascheninnere, verknote beide Fäden mehrmals miteinander und verstecke sie, indem du sie ins Innere der Kordel ziehst. Setze mit der neuen Farbe an der Stelle an, wo du mit der alten aufgehört hast. Lass die Anfangsfäden lang, ohne sie zu verriegeln, und verstecke sie wie gerade beschrieben. Nähe weitere 12 cm Taschenhöhe und wechsle danach zu deiner dritten Farbe.

KORDELENDE FESTNÄHEN

6. Wenn du am Kordelende angekommen bist, lege dieses kurz vor Ende ins Tascheninnere, nähe darüber hinaus und nähe dann mehrfach vor und zurück, um die Naht zu verriegeln. Schneide das überstehende Ende der Kordel bis kurz vor die Naht zurück und versäubere es, indem du mehrfach vor und zurück darüber nähst.

TASCHENHENKEL BEFESTIGEN

7. Lege die Taschengriffe mittig an den oberen Taschenrand und nähe sie mit der Polsternadel und den Sternzwirn fest. Damit eine hohe Stabilität erreicht wird, nähe jeden Stich zweimal und über Kreuz.

8. Und schon ist sie fertig, deine Kordel-Tasche.

NÄHGLOSSAR

ABSTEPPEN
Eine Naht oder Kante wird abgesteppt, um diese zu stabilisieren oder zu verzieren. Dabei wird meist schmalkantig gesteppt, d. h. das Nähfüßchen läuft ca. 2 mm neben der Naht oder Kante. Üblich ist eine Reihe von Geradstichen, die in kontrastfarbigem Garn (Knopfloch-, Ziersteppgarn) oder in farblich passenden Garn gearbeitet wird.

BRUCH (siehe Stoffbruch)

D-RING
Metallringe, die aussehen wie der Großbuchstabe „D", werden zum Festziehen von Gurten oder Bindebändern verwendet, z. B. für den Trageriemen einer Tasche. Man bekommt sie in silber- oder goldfarben im Eisenwarenhandel oder im Geschäft für Handarbeitsbedarf.

EINLAGE
Es gibt Einlagen zum Aufbügeln oder Einnähen in unterschiedlicher Dicke und Festigkeit. Sie bestehen aus nicht-gewebtem Material und verstärken bestimmte Stoffpartien.

FADENLAUF
Gewebte Stoffe bestehen aus Fäden, die im rechten Winkel aufeinandertreffen: den Kettfäden, die im Webstuhl eingespannt werden und von oben nach unten verlaufen, und den Schussfäden, die mit dem Schiffchen von links nach rechts durch die Kettfäden „geschossen" werden. Stoffe sollten immer mit dem Fadenlauf, also parallel zur Webkante zugeschnitten werden.

FUTTER
Zweite, nach innen liegende Stofflage, die alle Nähte und Einlagen verdeckt. Ein Futter verbessert außerdem die Trageeigenschaften eines Kleidungsstücks und dient der zusätzlichen Isolierung.

KLEBEBAND, DOPPELSEITIG
Eigentlich Büromaterial, es sollte aber in keinem Nähkasten fehlen, weil es auch beim Nähen unschätzbare Dienste leistet. Das Plastikband klebt auf Vorder- und Rückseite und ist in Breiten von 3–12 mm erhältlich.

KNAPPKANTIG
Knappkantig zu nähen bedeutet, die Naht so dicht wie möglich an der Stoffkante – oder an den Zähnchen eines Reißverschlusses, der Wölbung einer Paspel oder eines D-Rings – entlang zu führen. Der Abstand beträgt üblicherweise 2 mm.

KNIPS
Ein kleiner Einschnitt (2 mm tief) in die Nahtzugabe, um bestimmte Punkte zu markieren, an denen später zwei Schnittteile aufeinander ausgerichtet werden oder eine Naht beginnt bzw. endet.

LINKE STOFFSEITE
Die weniger schöne Stoffseite, die nach dem Nähen innen liegt. Bei bedruckten Stoffen ist es die unbedruckte Seite.

LINKS AUF LINKS
Das bedeutet, zwei Stoffe mit der jeweils linken Seite aufeinander zu legen, sodass die rechte Seite außen liegt.

NÄHGARN
Wähle ein Garn aus Baumwoll-Polyester oder Mischfasern, die sich für alles eignen, passend zu deinem Stoff. Achte darauf, dass du genügend Garn auf der Spule hast.

NAHT
Die gerade oder gebogene Linie, an der zwei Stücke Stoff zusammengenäht sind.

NAHTZUGABE
Der Abstand zwischen der Stoffkante und der Nahtlinie. Die Breite ist unterschiedlich, wird aber bei jeder Anleitung angegeben.

OVERLOCK-MASCHINE
Spezielle Nähmaschine, die in einem Arbeitsgang versäubert, steppt und beschneidet.

OVERLOCKSTICH
Die meisten gängigen Nähmaschinen haben den praktischen Overlockstich, den man gut statt des Zickzackstichs verwenden kann. Wer Nähen nicht nur als Hobby betreibt, schafft sich meist eine Overlock-Maschine an, die mit drei oder vier Fäden gleichzeitig arbeiten kann und mit einer Klinge die Naht beim Nähen zurechtschneidet.

PATCHWORK
Eine Decke oder ein Tuch, aus vielen kleinen Stoffstücken zusammengenäht, die ein Muster ergeben.

QUILTLINEAL
Solche Schneidehilfen aus transparentem Kunststoff gibt es in verschiedenen Größen. Sie sind mit einem Raster bedruckt, das genaues Messen erleichtert. Kleben Sie kleine Streifen Sandpapier auf die Rückseite, dann verrutscht das Lineal nicht so leicht.

RAPPORT
Das Muster in einem Stoffdruck wiederholt sich in der Länge in regelmäßigen Abständen. Wenn man diesen Rapport beim Nähen berücksichtigt, erhält die Arbeit gleich ein sehr viel professionelleres Aussehen.

RECHTE STOFFSEITE
Die rechte Stoffseite ist die außen liegende und, falls vorhanden, die mit der Musterung versehene.

RECHTS AUF RECHTS
Üblicherweise werden zwei Stoffstücke mit den rechten Seiten aufeinandernäht und anschließend gewendet, sodass die Nahtzugabe im Inneren verschwindet.

REISSVERSCHLUSSFUSS
Ein schmaler Maschinenfuß zum Einnähen von Reißverschlüssen. Bitte vergiss nicht, die Nadel auszutauschen, wenn du den Reißverschlussfuß montiert hast.

STECKNADELN
Du hast die Wahl zwischen feinen Nadeln mit winzigen Köpfen oder längeren und dickeren Nadeln mit buntem Glas- oder Plastikkopf, je nachdem, was für einen Stoff du verarbeitest. Verwahre Stecknadeln nach der Arbeit in einem Nadelkissen.

STEPPSTICH
Eine Maschinennaht neben der eigentlichen Naht zur Verstärkung angebracht; der Grundstich jeder handelsüblichen Nähmaschine.

STOFFBRUCH
Als Stoffbruch bezeichnet man eine Umbruchlinie (Faltkante) des Stoffs. Soll ein Schnittteil im (Stoff-) Bruch zugeschnitten werden, muss das Schnittmuster exakt an die Bruchlinie des Stoffs angelegt werden.

VOLUMENVLIES (Siehe Wattierung)

WATTIERUNG
Eine weiche Faser, die oft bei Quilts benutzt wird. Wattierungen gibt es aus Naturfasern (Baumwolle, Bambus oder Seide) oder Synthetik (Polyester) oder Mischgewebe.

WEBKANTE
Die beiden gewebten Stoffkanten.

ÜBER DIE AUTORIN

Ich bin Claudia Günther und lebe mit meinem Freund und zwei Katzen in Dresden. Dort arbeite ich als freie Grafikdesignerin, Bloggerin, Autorin und Schnittmusterdesignerin.

Auf meinem Blog „Frau Fadenschein“ (fraufadenschein.de) dreht sich alles ums Selbermachen. Ich teile dort genähte Projekte, Schnittmuster, Rezepte, Gehäkeltes, inspirierende Bücher und allerlei DIY-Projekte.

In all meinen Rubriken erstelle ich für einzelne Projekte auch detaillierte Anleitungen zum Nacharbeiten und zur Inspiration für meine Leser. Außerdem veröffentliche ich sowohl für „Frau Fadenschein“ sowie für „Kreativlabor Berlin“ eigene Nähanleitungen & Schnittmuster. Bei Fragen rund um die Anleitungen stehe ich gern per Mail unter mail@fraufadenschein.de mit Rat und Tat zur Seite.

DANKSAGUNG

Zunächst möchte ich mich bei meinen tollen **Sponsoren** bedanken, deren Materialien die Taschenmodelle im Buch zum Strahlen bringen: **Alles für Selbermacher** für die wunderschönen Stoffe, **Snaply** für das tolle Taschenzubehör, SnapPap, Korkstoffe und das freundschaftliche Miteinander, **Stoff und Stil** für Materialien im skandinavischen Design, **Stoffe.de** für die tollen Patchworkstoffe, Kordeln und Bänder sowie **Prym** für ihr breites Sortiment an Kurzwaren.

Ein ganz besonderer Dank geht auch an **meinen Freund**, der mein kreatives Chaos in der Entstehungsphase dieses Buches (und auch sonst bei DIY-Projekten aller Art) immer mit Fassung trägt. Auch **meine Familie** hat einen großen Anteil an meinem kreativen Schaffen! Schon früh hielt sie mir alle Wege offen, um im kreativen Bereich tätig zu sein! Danke hierfür!

Ein riesiges Dankeschön gilt auch meiner guten **Freundin, Projektpartnerin und in gewisser Weise Mentorin Julia von Kreativlabor Berlin,** die mich auf die Idee brachte und mir die Möglichkeit bot, eigene Schnittmuster zu gestalten. Natürlich bedanke ich mich auch herzlichst **bei meinen Lesern** – sei es im Blog oder in meinen Büchern. Ich freue mich immer riesig, neue Ideen und Projekte mit euch zu teilen!

Ein großes Dankeschön geht auch an die Edition Michael Fischer, die es mir ermöglichten mein erstes Taschennähbuch zu verwirklichen, im besonderen an **meine Lektorin Saskia Wedhorn**, mit der ich immer auf einer Wellenlänge war und die die Anleitungen im Buch auf Hochglanz poliert hat! Es war mir eine Freude, das Buch mit euch zusammen zu realisieren.

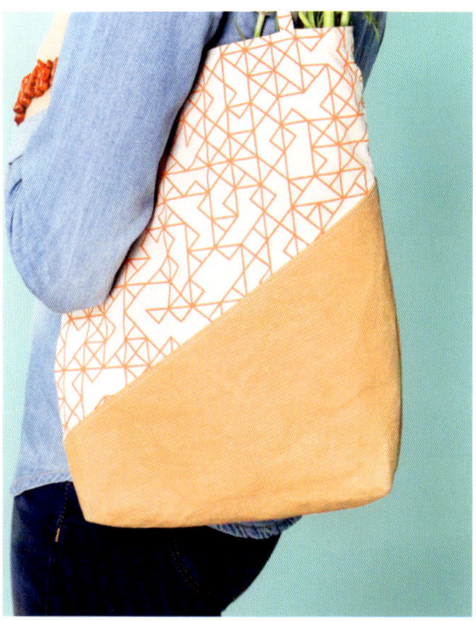

IMPRESSUM

Bibliografische Information der Deutschen Bibliothek

Die Deutsche Bibliothek verzeichnet diese Publikation in der deutschen Nationalbibliografie.

Detaillierte bibliografische Daten sind im Internet über http://www.d-nb.de/ abrufbar.

EIN BUCH DER EDITION MICHAEL FISCHER

1. Auflage 2017

Cover und Layout: Verena Raith
Satz und Illustrationen: Nelli Braun
Lektorat: Saskia Wedhorn
Bilder: Katja Schubert SHOT FOTOGRAFIE, München,
Schrittbilder: Claudia Günther,
S. 12 unten, Schritt 1 auf S. 28, 32, 52 sowie finals auf S. 101 und 107: Vipasana Roy,
S. 4/5, 32/33, 70/71: © vanilla22/shutterstock
Hair & Make-up: Corina Friedrich, München

ISBN 978-3-86355-683-9

Printed in Slovakia

www.emf-verlag.de